THE HISTORY 한국사 인물 1
율곡 이이

THE HISTORY 한국사 인물 1

율곡 이이

펴낸날 2023년 1월 16일 1판 1쇄

펴낸이 강진균

글 이슬기

그림 한재홍

편집·디자인 편집부

마케팅 변상섭

제작 강현배

펴낸곳 삼성당

주소 서울시 강남구 선릉로 747 삼성당빌딩 9층

대표 전화 (02)3443-2681　**팩스** (02)3443-2683

출판등록 1968년 10월 1일 제2-187호

ISBN 978-89-14-02079-6 (73990)

본 저작물은 저작권법에 따라 보호를 받는 책이므로 무단 전재와 무단 복제를 금합니다.

※ 파본은 바꾸어 드립니다.

율곡 이이

과거 시험에 9번 장원급제한 조선의 유학자

차례

지혜로운 천재 시인 ················· 11

인생의 깊이를 깨닫는 율곡 ············· 33

인생의 스승을 만나다 ················ 56

백성과 나라를 위한 충심 ·············· 79

백성을 사랑한 율곡····················· 105

율곡 이이의 생애···················· 120

율곡 이이 ···························· 121

지혜로운 천재 시인

조선 시대 중종 31년인 1536년, 강릉 오죽헌에서 갓난아기의 우렁찬 울음소리가 울려 퍼졌다.
"응애응애!"
"이번에도 아들이로구나."
옆에서 아기 낳는 것을 도와주던 할머니가 기뻐하며 큰 소리로 말했다.
"울음소리를 보니 이 아이는 장차 큰 인물이 될 것 같아요."
산모인 신사임당도 혼잣말로 중얼거렸다.

'그래, 이 아이는 장차 큰 인물이 될 거야.'

훗날 크게 될 인물을 낳느라고 그랬는지 사임당은 매우 심한 진통을 겪었다.

그렇지만 큰일을 무사히 치러냈다는 안도감에 사임당의 얼굴에는 잔잔한 미소가 번졌다.

사임당의 머릿속에는 아기를 가졌을 때 꾸었던 꿈이 아직도 생생하게 남아 있었다.

꿈속의 하늘은 구름 한 점 없이 맑았다. 바다도 유난히 깨끗했고, 바위에 부딪치는 파도 또한 옥빛을 띠고 있었다.

사임당은 살며시 밀려와 하얀 이슬로 부서지는 파도를 바라보며 모래 위를 걷고 있었다.

바로 그때, 옥빛 바닷물을 헤치고 아름다운 선녀가 바다

신사임당 (1504~1551)

이이의 어머니. 19세에 이원수와 결혼하였다. 남편의 동의를 얻어 시집을 가지 않고 친정에 살면서 어머니로부터 학문과 교양을 배웠다. 시와 그림, 글씨에 능했으며 독립적이며 예술적인 여성으로 살아갔다.

신사임당 동상

에서 솟아올랐다. 눈부시게 희고 오색영롱한 빛이 나는 아주 신비스러운 모습의 선녀였다.

"부인, 저를 따라오십시오."

사임당은 선녀가 이끄는 대로 따라갔다.

한참을 가다 보니 커다란 바위가 하나 있었고, 그 바위 위에 빨간 보자기에 싸인 갓난아기가 있었다.

선녀는 생글생글 웃고 있는 아기를 안아서 사임당에게 안겨 주었다.

이것이 바로 열 달 전 꾼 태몽이었다.

그 후 사임당은 아기를 가졌고, 아기를 낳기 전날 밤에는 동해에서 검은 용 한 마리가 솟아올라 방 안을 휘감는 꿈을 꾸기도 했다.

이 아기가 나중에 퇴계 이황과 더불어 조선 시대의 훌륭한 학문을 개척한 율곡 이이이다.

이이의 어릴 적 이름은 '현룡'이었다. 꿈에 용을 보았다는 뜻으로, '보일 현(見)'에 '용 용(龍)'자를 쓴 것이다. 용꿈을 꾸고 태어난 방 역시 '몽룡실'이라고 불렀다.

현룡은 태어나면서부터 외가에서 자랐다.

효심이 지극한 어머니 사임당이 홀로 된 친정어머니를 보살피기 위해서 그곳에 잠시 머물고 있었기 때문이었다. 외가인 강릉은 높고 우람한 태백산맥을 뒤로하고 쪽빛으로 짙푸른 동해가 바라다보이는 아름다운 고장이었다. 현룡은 이곳에서 건강하게 자랐으며 세 살 때부터는 공부하는 형들의 어깨 너머로 글을 익혔다.

그러더니 얼마 후에는 훈장도 깜짝 놀랄 정도로 글을 익히는 속도가 빨라졌다.

"허허, 이런 아이는 처음 보는군! 이거 정말 대단한 아이야."

훈장은 현룡이 글을 익히는 속도가 남다르다는 것을 알

몽룡실

검은 대나무가 집 주변을 둘러싸고 있어 오죽헌이라 부르는 곳이다. 신사임당이 이이를 낳던 전날 밤에 용꿈을 꾸었다 해서 '몽룡실'로 불린다. 조선 초기에 지어졌으며 당시 원형을 잘 보존하고 있는 대표적인 주택이다. 오죽헌은 1963년 보물 165호로 지정되었다.

강릉 오죽헌 몽룡실.

고는 자주 감탄하곤 했다.

그리하여 다섯 살 때부터는 시를 쓸 정도가 되었다.

어느 날, 현룡은 외할머니와 함께 뜰을 거닐고 있었다. 뜰은 외할머니와 어머니의 성격대로 깔끔하게 가꾸어져 있었다.

담장 둘레로 갖가지 꽃들이 피어나 가을 햇살에 곱게 빛나고 있었고, 감이며 석류* 같은 열매들이 붉게 익어 갔다.

특히 잘 익은 석류 열매들은 붉은 속껍질에 싸인 채 옥수수알처럼 촘촘히 박혀 있었다.

"이게 뭔지 아니?"

외할머니가 물었다.

"석류입니다."

석류

관상용 또는 약용으로 키우는데 원산지는 이란 · 아프가니스탄이다. 5~6월에 붉은색 꽃이 피며 가지 끝에 1~5개씩 달린다. 열매는 9~10월에 갈색이 도는 노란색 또는 붉은색으로 익는다. 열매껍질은 설사나 이질에 효과가 있고 구충제로도 쓰인다.

석류의 열매 안에는 많은 종자가 들어있다.

"그래, 맞다. 석류를 보고 글을 지을 수 있겠느냐?"

외할머니는 현룡이 워낙 글공부에 소질이 있지만 설마 하는 심정으로 물어 보았다. 현룡은 가만히 석류를 들여다보았다.

붉게 익은 석류의 갈라진 속에는 빨갛고 투명한 씨앗들이 금방이라도 쏟아질 듯 빽빽하게 들어 있었다. 한참 동안 석류를 들여다보던 현룡의 입에서 마침내 시 한 수가 흘러나왔다.

붉은 주머니 속에
빨간 구슬이 부서져 있네요.

현룡의 시를 듣고 할머니는 잠시 말을 잃었다.

다섯 살배기 아이가 지은 시라고 하기엔 매우 간결하면서도 적절한 표현이기 때문이었다. 아니, 웬만한 어른들도 감히 흉내 내지 못할 만큼 멋진 표현이었다.

"재주가 뛰어난 건 알았지만 이 정도일 줄은……."

〈선비행장〉
율곡의 어머니 신사임당에 관해 기록한 글.

외할머니는 감탄하며 현룡을 끌어안았다. 현룡의 이러한 재능은 다분히 어머니에게서 물려받은 것이었다. 현룡의 어머니 사임당은 우리나라 여성의 거울이라고 할 만큼 훌륭한 분이기 때문이었다.

그녀는 글솜씨가 뛰어났고, 그림 역시 매우 잘 그렸다. 부모에게 효녀였고 남편에게 어진 아내였으며, 자식들에게는 인자한 어머니였다.

현룡은 어릴 때부터 그런 어머니의 모습에 감동을 받았는데, 훗날 그가 쓴 〈선비 행장〉이라는 글에는 어머니에 대한 그리움과 존경심이 잘 나타나 있다.

한편 현룡이 여섯 살 때 친할머니가 병으로 눕게 되어 사임당은 아들을 데리고 한성의 본가로 돌아가게 되었다.

한성으로 돌아온 현룡은 본격적으로 공부에 매달렸다.

여덟 살에 그 어려운 사서삼경을 깨우치고, 공자의 가르침을 적은 유교 경전도 익혔다.

그러던 어느 날, 아버지의 고향인 경기도 율곡촌에 갔다가 5대조 할아버지가 지은, 임진강이 내려다보이는 화석정에 오르게 되었다.

정자 위에서 사방을 한 바퀴 둘러본 현룡은 잠시 머릿속에 흐르는 생각을 가다듬더니 곧 시 한 수를 지었다. 그 시 역시 어린아이가 지었다고는 믿을 수 없을 만큼 뛰어났다.

숲속 정자에 가을이 늦으니
시인의 회포 다할 길 없어라.
멀리 보이는 강물은 하늘과 잇닿아 푸르고
서리 맞은 단풍은 햇볕 향해 붉구나.
산은 외로운 둥근 달 토해내고
강은 만 리로 부는 바람을 머금었구나.
아스라이 나는 저 기러기는 어디로 가는가
애잔한 울음소리 저녁 구름 속으로 끊어져 버리네.

아버지 이원수는 크게 감탄하며 고개를 끄덕이더니, 곧 그 시를 나무판자에 새겨 정자에 걸어 두었다.

"아니, 이게 여덟 살 된 아이가 쓴 시라니 도무지 믿어지지 않아. 천재일세, 천재!"

시를 읽어 본 사람은 누구나 칭찬하지 않는 이가 없었다.

현룡은 어릴 때부터 남다른 구석이 많았다.

어느 날, 큰비가 쏟아져서 갑자기 냇물이 불어나게 되었다. 마침 마을로 들어오던 나그네 한 사람이 냇가를 건너다가 미끄러져 물에 빠진 적이 있었다.

그 모습을 본 사람들이 허리를 잡고 웃어댔다.

"하하하, 꼭 물에 빠진 생쥐 같군그래!"

그러자 현룡이 앞으로 나서며 말했다.

"어려운 지경에 처한 사람을 보고 도와주지는 못할망정 그렇게 웃어대는 것은 옳지 못한 일입니다."

이 말을 들은 동네 사람들은 부끄러워 어쩔 줄 몰라 했다.

그 무렵, 현룡은 저녁 늦게까지 공부하는 날이 많아졌다. 공부를 하다가 졸음이 오면 슬그머니 나가서 찬물로 세수

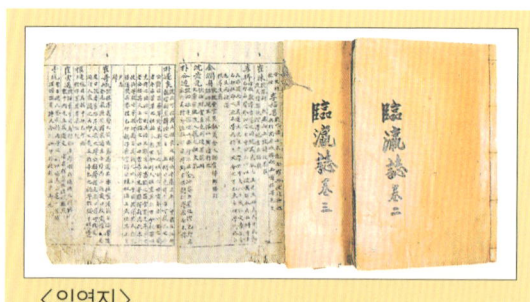
〈임영지〉
강릉의 역사와 문화에 대한 자세한 기록을 담은 고문서.

를 하고 다시 돌아와 책을 읽곤 했다. 흔히 그를 일컬어 신동이니 천재니 하지만 사실은 그만큼 노력을 했기 때문에 얻어진 결과였다. 재주만 믿고 아무 노력도 하지 않았다면 글자를 깨우치지도 못했을 것이고, 문장 공부를 열심히 하지 않았다면 한문으로 시를 짓지 못했을 것이다.

그가 한밤중에 세수하는 버릇은 날씨가 추운 한겨울에도 계속되었다. 그리고 이따금 현룡은 하인에게 방 안에 불을 많이 때지 말라고 일렀다.

"날이 추워서 불을 많이 때지 않으면 감기에 걸리십니다."

하인들이 고개를 갸웃거리며 이렇게 말하면 현룡은 태연한 얼굴로 대꾸했다.

"아니야, 방 안이 너무 더우면 졸려서 책을 읽을 수가 없어서 그래."

그러면 하인도 더 이상 말을 하지 못했다.

게다가 현룡은 총명하여 어린 나이에 사람의 됨됨이를 볼 줄 아는 능력이 있었다.

그가 일곱 살 때, 이웃에는 진복창이라는 사람이 살고 있었다. 많은 사람이 그를 아주 좋은 사람이라 여겼으며, 벼슬이 높기 때문에 뇌물을 바치거나 뭔가 부탁을 하기 위해서 그의 주위에 몰려들었다.

그러나 현룡은 사람들과 생각이 달랐다. 현룡의 어린 눈에도 진복창은 사람됨이 몹시 교활하고 간악해 보였던 것이다.

'내가 보기에 그는 절대로 좋은 사람이 아니야.'

현룡은 〈진복창전〉이라는 글을 써서 어머니에게 올렸다.

군자는 덕을 안으로 쌓기 때문에 늘 평온하지만, 소인은 악한 것을 안으로 쌓기 때문에 그 마음이 늘 편안하지 않은 법입니다. 제가 진복창의 사람됨을 보니, 속으로는 평온치 않은 생각을 품고 겉으로는 평온한 체하는 것 같습니다.

이런 사람이 뜻을 얻어 권세를 쥐게 되면 그때의 재난이 참으로 헤아리기 어려울 것입니다.

현룡의 글은 참으로 놀라웠다. 일곱 살 아이의 글이라고 하기에는 너무나 정확한 관찰과 예리한 판단을 하고 있었다.

현룡의 이런 예측은 신통하게도 적중이 되었다.

진복창은 훗날 크게 출세는 하였지만, 을사사화라는 반대파 선비들을 숙청하는 정변이 일어나자 당시 권세가인 윤원형에게 붙어 죄 없는 선비들을 수없이 숙청하는 데 앞장섰다. 그뿐만 아니라 그 후로도 자기 마음에 들지 않는 선비들을 많이 죽여 훗날 사람들이 그를 가리켜 '독사 같은 인간'이라고 기록할 정도였다.

"네 생각이 정말 옳았다!"

아버지는 아들의 총명함에 무릎을 치면서 감탄했다.

현룡의 이러한 총명함은 이미 일곱 살 때 유교 경전인 사서삼경을 읽고 그 뜻을 이해한 것에서도 알 수 있다. 더욱이 한문 문장을 능숙하게 지었는데 이러한 놀라운 실력을 갖추게 된 것은 타고난 총명함에다 밤낮으로 끊임없이 노력한 덕분이었다.

한편 현룡은 아홉 살이 되었을 무렵 《이륜행실도》라는 책을 읽게 되었다. 이 책은 조선 시대에 만든 일종의 윤리 교육서였다. 옛사람 중에서 모범이 될 만한 사람을 가려 뽑아, 그들이 실천한 어른에 대한 도리와 친구에 대한 의리를 기록해 놓고 있었다. 예를 들면 형제조에는 형과 아우 사이의 두터운 우애를 표현하고 있으며, 종족조에는 친족들 사이에 나누는 화목의 윤리를 설명하고 있었다. 현룡은 이 《이륜행실도》를 보고는 크게 감명을 받았는데 그 가운데서도 중국 당나라의 장공예라는 사람의 이야기에 특히 감명을 받았다.

그 이야기인즉, 장공예라는 사람의 집안에서는 9대가 한 집에 모여 살면서도 서로 고함 소리 한번 내지 않고 화목하게 잘 살았다는 내용이었다.

9대가 한 집에 산다는 것은 자기로부터 헤아려서 8대조에서 갈라진 모든 자손이 한 가족으로 산다는 것을 뜻한다. 가족 수가 엄청 많은 것은 물론이요 촌수도 상당히 먼 사이가 있게 마련이다.

'얼마나 가족들의 우애가 깊었으면 한 집에 9대가 모여 살게 되었을까? 부모 형제끼리도 서로 싸우고 불화가 일어나는 경우가 많은데…….'

그 책을 읽으면서 현룡은 다시 한번 부모에게 효도하고 형제들과 화목하게 지내야겠다고 생각하게 되었다.

현룡은 즉시 여러 형제가 부모를 모시고 사는 모습을 그림으로 그려 어머니에게 보여 드렸다.

"애야, 네 그림 솜씨가 정말 훌륭하구나! 마음의 양식이 될 좋은 책을 읽었구나."

이렇듯 책은 현룡에게 살아가는 데 필요한 여러 가지 지혜와 깨달음을 주었다.

또한 현룡은 효심이 지극해 어릴 적부터 이웃 사람들의 칭찬을 많이 들었다. 그의 나이 열한 살이 되던 어느 해였다.

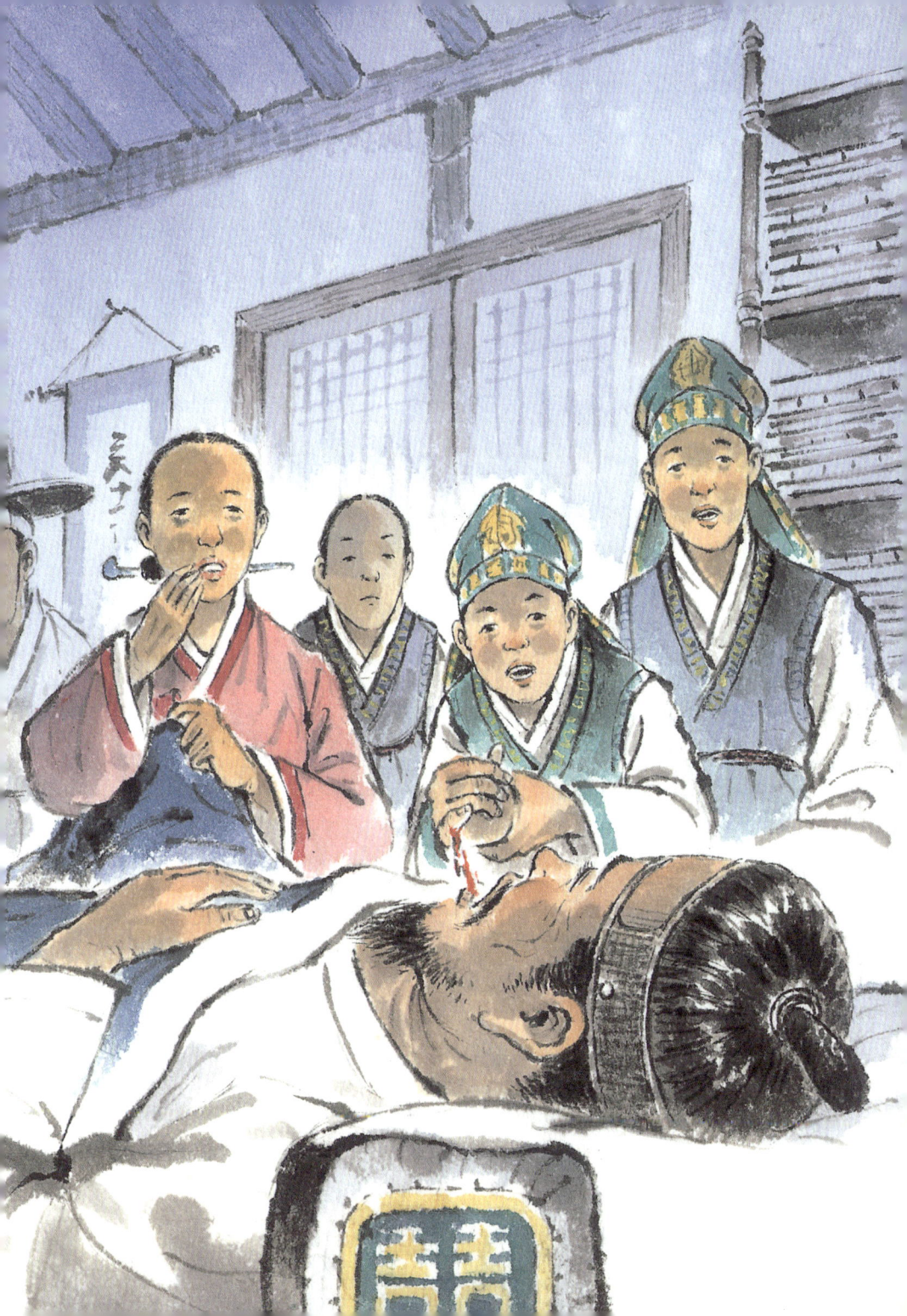

아버지가 병이 나서 자리에 눕게 되었다. 좋다는 약을 모두 써 보았지만 조금도 차도가 없었다.

현룡은 칼로 제 손가락을 베어 흐르는 피를 아버지의 입에 넣어 주었다. 사람의 목숨이 위태로워졌을 때 피를 마시면 소생한다는 글귀를 읽은 기억이 났기 때문이었다.

그리고 뒤꼍으로 달려가 엎드려 울면서 간절히 빌었다.

"아버지의 병을 낫게 해 주십시오. 소자가 무슨 일이라도 하겠습니다."

현룡의 이러한 효성에 주위 사람들 모두 입을 딱 벌리며 감탄했다. 그러나 현룡은 태연하게 말했다.

"자식으로서 당연히 해야 할 일을 했을 뿐입니다."

며칠 후, 자리에서 일어난 아버지는 사임당에게 말했다.

"부인, 어젯밤에는 이상한 꿈을 꾸었다오."

"무슨 꿈이었는데요?"

"신선이 하얀 수염을 나부끼면서 나타나 '현룡이는 장차 대유학자가 될 터이니 잘 키우시오. 이름도 현룡보다는 '이'라고 고치는 게 좋겠소. 귀한 사람이 될 테니 명심하시오.'라고 말하고는 사라지지 않겠소. 아무래도 예사로운 꿈이 아닌 듯하니 현룡이의 이름을 고치는 게 어떻겠소?"

"당신의 생각이 그러하다면 고치십시오. 저는 당신의 뜻에 따르겠습니다."

사임당도 남편의 말에 흔쾌히 찬성을 했다.

'이'라는 글자는 한자로 쓰게 될 경우, 귀한 인물임을 뜻하는 것이었다.

이때부터 그는 어릴 때 이름인 현룡 대신 '이'라고 고쳐 불리게 되었고, 아버지의 고향 마을 이름을 따서 '율곡'이라는 호를 지었다.

역사 속으로

율곡 이이의 형제와 자매들

율곡 이이는 4남 3년 가운데 셋째 아들로 태어났다. 율곡은 잘 알다시피 우리나라 현모양처의 대명사인 신사임당의 아들로 태어났는데 태교에서부터 양육에 이르기까지 지극한 보살핌을 받고 자랐다.

어머니 신사임당은 당시 사대부 부인들의 필독서인 내훈(內訓)을 즐겨 읽고 모두 암송할 정도로 태교에 온 정성을 다했다. 사람의 몸에 끼치는 영향을 생각하여 태아의 정신생활에도 세심한 관심을 두어 사물을 보는 것, 냄새를 맡는 것, 식사를 하는 것, 남의 말이나 소리를 듣는 것, 말을 하는 것, 갖추어야 할 몸가짐에 이르기까지 모든 것에서 올바르지 않은 것은 생각하지도 행하지도 않을 정도였다.

이렇게 해서 4남 3년가 태어나 자랐는데, 맏딸 매창은 서울의 조대남에게 시집 가 남편이 벼슬길에 나가도록 극진히 내조하여 충청도 관찰사에 오르게 하였다. 또한 학문과 예술에도 뛰어

나 오늘날에도 유적이 남아 있을 정도로 현숙한 부인이었던 까닭에 살아생전 작은 사임당이라 불리기도 했다.

맏아들 선은 진사에 올라 서울의 남부 참봉을 끝으로 47살의 젊은 나이로 세상을 떠났고, 둘째 아들 번은 아우 율곡에게 벼슬에서 물러나기를 권하는 글을 쓸 만큼 학식이 높았던 것으로 전하나 그 뒤의 자취는 분명치 않다.

둘째 딸은 윤섭에게 출가하여 황해도 황주 땅에서 살았으며 율곡이 황해도 감사가 되어 '누이님 집을 방문하는 일로 황주에 이르면.'이라 한 것으로 미루어 보아 남매의 정이 두터웠음을 알 수 있다.

셋째 딸은 홍천우에게 출가했으나 일찍 홀몸이 되었고, 막내아들 우는 호를 옥산이라 하였는데 사헌부 감찰과 괴산, 고부,

율곡 이이 영정

비안 군수와 군자감정(군수품의 저장과 출납을 맡아보던 관청)을 역임하였으나 벼슬길보다 학문과 예술로 그 이름을 더욱 높였다. 더욱이 높은 학문에 그림과 글씨는 물론 거문고에까지 능하여 보기 드문 천재적인 예술가였던 것으로 알려져 있다.

특히 율곡이 '내 아우가 학문에 더욱 정진했다면 나를 앞섰을 것'이라고 칭찬한 것을 통해 옥산의 인품을 알 수 있다.

이처럼 율곡 이이의 4남 3녀 형제들은 한결같이 이름난 학자이자 예술가요 뛰어난 부덕을 함양한 여인으로 살았던 것이다.

인생의 깊이를
깨닫는 율곡

　명종 3년, 이이의 학식은 날로 깊어졌다. 열세 살이 되어 진사를 뽑는 과거* 시험을 치르게 되었다.

　그 당시 과거 시험은 소과와 대과로 나누어 실시했는데, 소과에 급제하면 진사가 되고 진사가 된 사람들에게만 대과에 응시할 수 있는 자격을 주었다.

　이이는 아무도 모르게 과거에 응시하기로 결심하고 시험장으로 나갔다.

　시험장에는 수많은 선비들이 과거를 보기 위해 모여 있

었다.

"아니, 저 아이 좀 보게. 여기가 어디라고."

"누가 아니래. 숭어가 뛰니까 망둥이도 뛴다더니, 어린애가 겁도 없이……."

"아버지 과거 시험에 따라온 거 아냐?"

이이를 본 사람들은 저마다 수군거렸다. 잠시 후, 글을 쓸 시제가 발표되자 사람들은 그동안 공부한 실력을 발휘하기 시작했다.

그 무렵의 과거 시험은 대개 시험 날 시제가 발표되며, 그에 따라 자기가 공부한 내용을 글로 쓰는 것이었다.

이이도 제목을 훑어보고는 곧 붓을 들었다. 이이의 손놀림에 따라 하얀 종이 위에는 검은 글씨들이 춤을 추듯 채

과거 시험

옛날에 중국과 우리나라에서 관리를 뽑을 때 보던 시험. 우리나라에서는 통일 신라 때 독서 삼품과를 실시한 바 있었으나, 본격화된 것은 고려 광종 때부터였다. 조선 시대에 이르러서는 그 중요성이 더욱 커져 모든 관리는 과거 시험에 합격해야만 등용될 수 있었다.

과거 시험을 재현한 모습

워지기 시작했다.

이이는 시험지를 시험관에게 제출하고 발표를 기다렸다. 드디어 시험관들에 의해 채점이 끝나고 결과가 발표되었다.

"장원 급제, 이이!"

여러 선비들 틈에 끼어 발표를 기다리던 이이는, 뜻밖에도 자기 이름이 불리자 잠시 귀를 의심하였다.

'내가 잘못 들었을 수도 있지. 이 많은 선비들 중에 내가 장원이라니…….'

이렇게 중얼거리고 있는데 한 번 더 이름이 불렸다.

"오늘 장원 급제한 이이 선비는 앞으로 나오시오."

이이는 그제야 정신을 차리고 얼른 앞으로 나갔다.

"아니, 저 어린애가 장원 급제란 말인가?"

어린아이라고 놀려 대던 선비들은 말할 것도 없고, 그날 모인 사람들 모두가 눈을 휘둥그렇게 떴다.

시험관들도 놀라기는 마찬가지였다.

"네가 정말 이 글을 썼단 말이냐?"

시험관들은 자신들이 장원 급제라고 뽑은 글을 이이에게

내밀었다.

"그렇습니다."

"정말 장한 일이로다. 나이가 몇인가?"

"열세 살입니다."

"허, 열세 살이라. 아직 이렇게 어린 나이로 장원 급제를 한 일이 없었거늘……."

시험관들은 다시 한 번 이이와 이이가 쓴 글을 번갈아 바라보며 고개를 끄덕였다.

"아버님의 함자는 어떻게 되는가?"

"덕수 이씨이며 원자, 수자를 쓰십니다."

"너와 같은 훌륭한 인재를 발견하게 된 것이야말로 작게는 집안의 경사요, 크게는 나라의 경사로다. 앞으로 더욱 열심히

〈삼일 유가도〉
과거에 급제한 사람이 3일 동안 돌아다니며 인사를 하던 풍습을 그렸다.

공부하여 나라의 큰 기둥이 되도록 하여라."

"네, 명심하겠습니다."

이이는 서둘러 집으로 돌아와 결과를 어머니에게 말했다. 그러나 매우 기뻐할 줄 알았던 어머니는 오히려 엄한 얼굴로 꾸짖었다.

"네가 오늘 한 행동은 용서할 수 없는 일이다. 그 이유를 알겠느냐?"

"……."

너무나 뜻밖의 꾸중에 이이는 고개를 푹 숙이고 아무 말도 하지 못했다.

"첫째, 결과에 앞서 집안 어른 몰래 과거장에 나간 것은 옳은 행실이 아니다. 둘째, 아직은 학문을 더 익혀야 할 네가 벌써 과거에나 매달리려고 한 일 역시 옳은 일이 아니다. 학문을 하는 것은 벼슬자리에 나가려는 과정이 아니라 옳고 그름을 깨우쳐 바르게 행동하고 실천을 하기 위해서인데, 벌써부터 벼슬자리가 탐이 나더냐?"

어머니의 이치에 맞는 말에 이이는 더 이상 아무 말도 못하고 고개를 푹 숙였다.

이 일이 있고 난 뒤 이이는 더욱 학문에 열중하였다. 학문이 깊어갈수록 더욱 겸손하고 모든 행동을 조심하게 된 것이다.

'학문을 하는 것은 벼슬자리에 나가려는 과정이 아니라 옳고 그름을 깨우쳐 언제나 바르게 행동하고 실천을 하기 위해서이니라……'

이이는 어머니의 이 말이 항상 머릿속에서 떠나지 않았다.

명종 6년, 이이가 열다섯 살이 되던 해에 아버지는 수운 판관의 자리에 오르게 되었다.

그 당시 백성들은 돈이 아니라 곡식을 세금으로 냈다. 이것을 세곡이라고 했는데, 지방에서 받은 세곡은 한곳에 모아 두었다가 뱃길로 한성까지 운반하곤 했다.

이이의 아버지가 맡은 수운 판관이 하는 일은 지방에서 모은 세곡을 뱃길로 운반할 때 감독을 하는 일이었다.

아버지는 지방에 내려갈 때 가끔 아들들을 데리고 갔다. 자신의 일을 돕고 지방의 여러 풍습도 익혀 주기 위해서였다.

이이가 열여섯 살이 되던 해 봄, 아버지는 맏아들 이선과 셋째 아들 이이를 데리고 평안도로 떠났다. 세곡을 가지러 평안도까지 가게 되었던 것이다.

그런데 그들이 집을 떠나 나랏일을 하는 동안 안타깝게도 사임당은 병이 들어 자리에 눕게 되었다.

둘째 아들과 넷째 아들은 의원을 부르고 약을 쓰면서 정성을 다해 간호했다.

그러나 사임당의 병세는 점점 더 나빠져 갔다.

"어머니, 아무래도 병환이 심상치 않은 것 같으니 아버지께 연락을 드리겠습니다."

사임당의 병세가 심상치 않다는 것을 느낀 두 아들이 어머니의 뜻을 물었다.

"아니다. 연락하지 마라. 아버지는 지금 나랏일로 나가 계시는데, 사사로운 집안일에 신경 쓰시게 해서야 되겠느냐?"

사임당은 고개를 저었다.

그 후에도 의원의 진료를 받으며 온갖 약을 다 썼지만, 사임당의 병은 더욱 깊어만 갔다.

아무래도 회복하기 어렵다는 생각이 들었던지 5월 16일 낮에 사임당은 두 아들을 불렀다.

"내가 다시 일어나기 어려울 것 같으니, 내가 없더라도 너희들은 서로 믿고 의지하며 화목하게 지내고, 모두 착한 사람으로 세상 사람의 존경을 받도록 해라."

이 말을 들은 두 아들은 어쩔 줄을 몰랐다.

"어머니, 그런 약한 말씀은 하지 마세요. 어서 기운을 차리셔야지요."

두 아들은 사임당의 손을 잡으며 눈물을 흘렸다.

그날 밤에는 의외로 병세가 좋아지는 듯하여 집안사람들이 조금은 마음을 놓았다. 하지만 이튿날 새벽, 사임당은 끝내 마흔여덟이라는 아까운 나이로 세상을 떠나고 말았다.

"어머니!"

"어머니, 흑흑……!"

두 아들은 어머니를 부르며 땅을 치고 통곡했다.

바로 그날, 아버지와 두 아들은 평안도 일을 모두 마치고 막 한성으로 돌아오는 중이었다. 세곡을 가득 실은 배가 한강 어귀에 닿자, 삼부자는 그리운 가족을 만날 수 있다는 생각으로 들떠 있었다. 그래서 서둘러 집으로 돌아갈 생각에 서둘러 짐을 챙겼다.

그런데 이상한 점이 눈에 띄었다. 늘 밥을 담아 먹던 놋그릇이 검붉게 변해 있었다.

'이게 무슨 징조일까? 그릇 색깔이 갑자기 변하다니……. 집에 좋지 않은 일이라도 생긴 걸까?'

아버지와 두 아들은 서둘러 배에서 내렸다. 그때, 나루터에서 초조하게 기다리고 있던 하인이 그들을 보고 달려왔다.

"나리……."

하인은 삼부자를 보자마자 털썩 무릎을 꿇고 엎드리며 울음을 터뜨렸다.

"대체 무슨 일이냐?"

아버지가 물었다.

"마님께서, 마님께서……."

"마님에게 무슨 일이라도 일어났단 말이냐?"

"마님께서 오늘 새벽에 세상을 뜨셨습니다."

너무나 청천벽력 같은 소리라 도무지 믿어지지 않았다. 마치 꿈을 꾸는 것처럼 느껴졌다.

"어머니께서 돌아가시다니! 한 달 전만 해도 아무렇지도 않던 어머니가 갑자기……."

두 아들은 땅바닥에 털썩 주저앉아 땅을 치면서 울었다.

그들은 정신없이 집으로 돌아왔다. 그렇지만 집에서 반겨 주셔야 할 어머니는 이미 이 세상 사람이 아니었다.

'편찮으신 어머니께 약 한 첩 올리지 못한 일도 가슴 아픈 일인데 돌아가실 때 마지막 인사도 못 올리다니! 조금만 일찍 왔어도 임종은 지켰을 텐데…….'

이이는 땅을 치면서 통곡했다. 누구보다도 효성이 깊었던 이이의 슬픔은 이루 말할 수가 없었다.

장례를 마친 이이는 어머니의 산소 곁에 움막을 짓고 3년 동안 시묘*를 했다.

이이는 삼시 세끼 손수 음식을 마련하여 살아 있는 분에게 올리듯 정성을 다하여 어머니의 명복을 빌었다.

그는 움막에서 생활하면서도 늘 책을 읽고 글을 썼다.

어머니를 추모하는 《어머님 행장기》라는 글을 쓴 것도 이 무렵이었다.

그러던 어느 날, 이이는 갑자기 인생의 허무함을 느끼기 시작했다.

어린 나이에 사랑하던 어머니를 잃은 일은 그에게 너무나 큰 충격이었다. 이런 충격에 빠진 그는 자주 사색에 잠겼다.

시묘(侍墓)

부모가 돌아가셨을 때 그 무덤 옆에 움집을 짓고 3년 동안 무덤을 돌보며 지내는 것을 말한다. 시묘는 엄격한 유교 국가인 조선 시대에도 강제적인 것이 아니었으며, 석 달 정도 하는 것이 보통이었다. 3년을 꼬박 채워 시묘한다는 것은 극히 드문 일이었다.

조상님께 제를 올리는 모습

'사람은 어디에서 나서 어디로 가는 것일까? 왜 살아야 하는가? 왜 울고 웃고 고민하는가? 사람이 죽으면 진정으로 영혼이 있고, 그 영혼은 또 어디로 가는 것일까? 정말로 다음 세상은 있는 것일까?'

그는 해답의 실마리를 찾아볼 수 있을까 하고 열심히 유교 경전을 읽었지만 좀처럼 의문은 풀리지 않았다. 또 그토록 존경하고 사랑했던 어머니를 한 번만이라도 만나 뵐 방법이 생기기를 간절히 빌고 통곡도 해 보았지만 허사였다.

그러는 사이 3년이 지나 시묘를 끝내고 내려왔다. 열아홉 살이 된 이이는 어느 가을날, 발길 닿는 대로 거닐다가 뚝섬 강 건너에 있는 봉은사에 들렀다. 승방에서 스님들과 이야기를 나누던 중 책상 위에 놓여 있는 불교 서적을 뒤적이게 되었다. 어쩌면 자신이 생각하고 있는 인생에 관한 해답이 거기에 있을 수도 있다는 생각이 들었다.

그는 스님들과의 대화를 통해 불교에는 정신을 모아 진리를 깨닫는 방법이 있다는 것을 알고는 더 깊이 불교 공부를 하기로 마음먹었다.

'그래, 차라리 아무도 없는 깊은 산 속으로 들어가서 불법을 익혀 보자.'

 이이는 이런 결심을 굳혀 갔다. 그리고 가족들의 반대에도 불구하고 집을 떠나 금강산으로 들어갔다.

 그는 자기의 법명을 의암이라 하고, 마하연이라는 절에서 다른 스님들과 함께 불교 경전을 연구했다.

 금강산은 아름답기 그지없는 산이었다.

 1만 2천 개나 된다는 하늘을 찌를 듯한 봉우리, 그 봉우리들을 이루고 있는 기묘한 바위와 꽃나무, 골짜기를 흐르는 물과 절벽으로 떨어지는 폭포…….

 이런 풍경들은 마음을 평화롭게 만들어 주었다.

 이이는 가끔 절에서 나와 경치 좋고 조용한 곳으로 가서 공부하곤 했다.

 책을 읽기도 하고 어떤 때는 고요히 앉아 생각에 잠길 때도 있었다. 날이 저무는 줄도 모르고, 깊은 생각에 빠져드는 바람에, 다른 스님들이 무슨 일이 일어났나 싶어 찾아나선 적도 한두 번이 아니었다.

"의암, 이 깊은 밤에 여기에서 뭘 하고 있소?"

"아니, 벌써 해가 졌나요?"

"해가 진 게 다 뭐요? 벌써 한밤중이라니까요."

〈금강산〉
율곡 이이가 열아홉 살 때 불도를 익히기 위해 들어가 스님들과 함께 생활했다.

"미안합니다. 이렇게 수고를 하시게 해서……."

이이는 빙긋이 웃으며 미안한 표정을 지었다.

"이곳은 호랑이들이 많이 돌아다니는 곳이라 위험하오. 어서 들어갑시다."

"하하, 호랑이가 돌아다닌다고 해도 나 같은 것을 잡아다 어디에 쓰겠습니까?"

이이의 태연함에 다른 스님들은 깜짝 놀랐다.

"호랑이가 의암을 알아보고 그냥 돌아갈까요?"

"나를 알아보는 게 아니라, 바윗덩이라고 생각하겠지요."

이이의 학문은 날이 갈수록 깊어져 다른 스님들로부터 존경을 받았다. 그리하여 스님들은 이이를 의암 대사라고 불렀다.

이이가 금강산으로 들어온 지 1년이 지났을 때였다. 가을이 되어 절 주위에 있는 나뭇잎들이 온통 붉게 물들었다.
'참으로 아름답구나. 단풍은 저토록 곱고 황홀한 빛깔을 어디에 숨겨 두었다가 이렇게 가을만 되면 쏟아 놓아 사람들의 마음을 설레게 하는 것일까?'
절을 나온 이이는 자기도 모르게 산길을 계속 올라갔다.
가을 산은 온통 붉게 타오르고 있었다. 바람이 불 때마다 산이 물결처럼 일렁거렸다.
가만히 보면 붉은 빛깔만이 아니고 빨강, 주황, 노랑, 초록 등이 어우러져 아름다움을 자아냈다.
또한 키가 큰 나무, 작은 나무, 잎이 뾰족한 나무, 넓은 나무들이 서로 적절하게 섞이고 어울려 조화로운 산을 이루고 있었다.

산길을 따라 걸으며 이이는 이러한 산의 모습이 바로 서로 어울려 살아가고 있는 인간의 모습이 아닐까 하고 생각해 보았다.

한참을 걷다 보니 산속 깊숙한 곳에 허름한 암자가 하나 있었다.

〈노추산 이성대〉
신라 시대 설총과 조선 시대의 율곡 두 성현이 입산 수도했다는 노추산. 이 산 정상부에 두 성현의 위패를 모시기 위해 세운 이성대가 있다.

'이런 깊은 곳에도 사람이 살고 있는 모양이군.'

이이는 암자 안으로 들어가 보았다.

거기에는 노스님 한 분이 단정히 앉아 있었는데 이이를 보고도 일어나지 않았으며 한마디 말도 없었다.

이이가 암자 안을 둘러보니 부엌에도 불을 땐 지 오래된 듯했고, 먹을 양식 같은 것도 보이지 않았다.

"스님, 이런 깊은 산 속에서 혼자 무얼 하고 계십니까?"

이이가 물었다. 그러나 스님은 빙그레 웃기만 할 뿐 아무 말도 하지 않았다.

"스님, 보아하니 양식도 떨어진 것 같은데 무얼 드시고 지내십니까?"

스님은 여전히 대답 대신 뜰에 있는 소나무를 올려다보았다. 솔잎을 따 먹고 지낸다는 뜻이었다.

"스님, 한 가지 여쭤봐도 되겠습니까? 공자와 석가 중에 누가 더 위대한 분이라고 생각하십니까?"

그러자 노스님은 날카로운 눈빛으로 이이를 쏘아보았다.

"허허, 누굴 놀리시는가? 불가에서는 누가 더 위대하고 덜 위대하다는 말 따위를 쓰지 않는다네. 공자는 공자대로 배울 점이 있을 터이고, 석가는 석가대로 따를 점이 있을 것이네."

"제가 불교를 공부하다 보니까 유교보다 더 나을 것이 없다는 생각이 들어서입니다. 그런데 스님께서는 왜 이런 고생을 하면서 불경을 공부하고 계시는지 의문입니다."

"불교는 진리를 탐구하고 깨달음을 얻어 고통에서 벗어나기 위해 배우고 익히는 지혜의 학문일세."

"유교도 마찬가지지요. 단지 불교는 산속에 있고, 유교는 세상에 있음이 다른 점입니다."

"자네 말도 일리가 있군. 하지만 어떤 사람의 마음이 청정하다면 그가 있는 그곳이 바로 절이라네. 모처럼 학문을 토론할 젊은이를 만나 기쁘네. 여기에 좀 더 머물면서 이야기나 나누세."

노스님이 이이의 손을 잡으며 반가워했다.

그날부터 이이는 암자에 머무르며 노스님과 학문을 토론하면서 나날을 보냈다.

그러나 이이는 그 생활에도 만족할 수는 없었다.

'부처님께서는 착하게 살면 죽어서 극락에 간다고 했으니, 굳이 이 산속에 살 이유가 없지 않은가? 산 아래로 내려가 착하게 살아도 극락 가기는 마찬가지이지.'

이이는 다시 산을 떠나기로 마음을 먹고 노스님에게 작별 인사를 했다.

"자네가 오래 머물지 않을 사람이라는 것을 이미 알고 있었네. 어디로 가든 열심히 노력하도록 하게."

"부디 건강하게 오래 사시면서 성불(깨달음의 경지를 실현하는 일)하십시오. 스님, 잊지 않겠습니다."

이이는 노스님에게 절을 하고 암자를 내려왔다.

어느새 금강산은 겨울이 지나 봄빛으로 물들고 있었다.

인생의 스승을 만나다

 산에서 내려온 이이는 강릉의 외가를 찾았다. 홀로 집을 지키고 계시던 외할머니가 눈물을 글썽이며 이이를 반갑게 맞아 주었다.
 "아니, 네가 갑자기 어쩐 일이냐?"
 외할머니는 이이를 끌어안으며 눈물을 주르르 흘렸다.
 딸인 사임당도 세상을 떠났고, 믿었던 이이가 스님이 되어 절로 들어갔다는 소리를 들은 외할머니는 크게 상심을 하고 있던 참이었다.

그 당시는 불교를 배척하고 스님을 무척 천시하던 시대였기 때문에, 스님이 된다는 것에 선뜻 찬성하는 사람이 없었다. 외할머니는 이이의 머리부터 살펴보았다.

  이이는 그때까지 머리를 깎지 않고 있었기 때문에 외할머니는 크게 안심을 했다.

  "천만다행이로구나. 난 네가 중이 되었다기에 외손자가 벼슬자리에 오르는 것도 보지 못하고 죽는 줄만 알았구나. 이제부터는 더욱 학문을 익혀 벼슬자리에 나가 백성들을 위해 일을 해야 하지 않겠느냐?"

  "네, 저도 그럴 생각입니다."

  이이는 외할머니에게 큰절하고는 함께 뜰로 나갔다. 뜰은 예전과 조금도 다름이 없었다.

  봄을 맞은 뜰의 온갖 나무에는 새로 돋아난 잎새들이 햇살에 반짝이고 있었다. 또한 뜰을 가득 메운 꽃들로 인해 주위는 불을 밝혀 놓은 듯 환했고, 꽃 위로는 벌과 나비들이 날갯짓하며 날아다녔다.

  다섯 살 때 시를 지은 적이 있던 석류나무에도 새잎이 뽀

족뾰족 움트고 있었다.

 이이는 금방이라도 치맛자락을 조심스럽게 끌면서 어머니가 나타날 것 같은 착각에 빠져들었다.

 마루에 단정하게 앉아 그림을 그리거나 글을 쓰던 어머니! 어머니가 물감을 담뿍 찍은 붓을 놀리면 어느새 하얀 종이 위에는 맨드라미, 고추, 가지, 수박, 오이, 참외 같은 식물이 가지를 뻗어나갔다. 그리고 그 밑에는 메뚜기, 방아깨비, 사마귀 같은 곤충들이 엉금엉금 기어다녔다.

 강릉으로 내려온 이이는 이 때부터 거의 1년 가까이 외가에 머물면서 공부했다.

 이 무렵 그는 자신을 경계한다는 뜻의 글을 지었는데, 그 글이 바로 〈자경문〉이었다.

 이것은 자기 자신을 경계하는 글이기도 했지만, 다른 사람들을 가르칠 때도 자주 인용되었다.

 그의 주위에는 늘 학문을 연구하고 토론하는 친구들이 많이 모여들었다.

 그 이듬해 한성으로 올라온 이이는 한성시라는 과거에

응시하여 다시 장원 급제했다.

또한 이이는 장원 급제를 한 다음 해에 성주 목사 노경린의 딸을 아내로 맞이했다.

이 무렵 안동 땅에는 당대 최고의 학자인 퇴계 이황이 살고 있었다.

그는 도산서당*에서 학문 연구를 하는 한편, 많은 제자를 가르치고 있었다. 이때 모였던 제자 중에는 임진왜란 때 정승까지 지낸 서애 류성룡, 학봉 김성일, 고봉 기대승 등이 있었다. 그들은 모두 학문이 높았고 나라를 위해 많은 일을 한 사람들이었다.

많은 학자가 도산서당에서 공부하기를 원했고, 이황에게 가르침을 받기 위해 모여들었다.

도산서당

경상북도 안동시 도산면 토계리에 있던 서당으로 퇴계 이황이 유생들을 가르치며 학덕을 쌓던 곳이다. 1575년 석봉 한호의 글씨로 된 사액을 받으면서 도산 서원이 되었다. 약 4백 종에 달하는 4천여 권의 책과 퇴계 이황의 유품이 남아 있다. 사적 제170호로 지정되었다.

도산 서원의 현판

그래서 도산서당은 늘 젊은 선비들로 붐볐다.

'그래, 이황 선생님을 찾아가 가르침을 받자.'

이렇게 생각한 이이는 도산서당으로 이황을 찾아갔다.

이때 이황은 쉰여덟 살의 노인이었고, 이이는 스물세 살의 젊은 선비였다.

"선생님의 명성을 일찍부터 들어 마음속으로 늘 존경하고 있었습니다. 이제야 찾아뵙게 되어 죄송합니다."

이이는 진심에서 우러나오는 말로 인사를 했다.

이 무렵 병이 들어 앓고 있던 이황은 얼른 일어나 맞절로 답을 했다.

"나도 그대의 재주를 익히 듣고 있었소. 이렇게 먼 곳까지 찾아와 주어서 정말 고맙소."

두 사람은 만나자마자 오래전부터 사귄 친구처럼 금방 마음이 통했다.

그리하여 그들은 밤이 깊어 가는 줄도 모르고 학문과 사람이 살아가는 도리에 관해 이야기를 나누었다.

그들은 서로의 인품과 학문을 확인하고는 너무나 감격했

다. 이이가 먼저 자신의 감격스러운 마음을 시로 나타냈다.

시냇물은 공자가 공부하던 사수에서 갈라져 나오고
산봉우리는 주자가 공부하던 무이산만큼 높구나.
몸을 담을 초가에는 책이 가득하고,
하고 싶었던 말을 나누고 나니
가슴 속에 쌓였던 생각들이 환하게 풀리네.
이곳을 찾아온 까닭은 가르침을 받기 위함이었으니
오늘 이야기 모두가 가르침이었네.
오늘 한나절을 헛되이 보내지 않았네.

이이는 공자가 공부하던 냇가인 사수와 주자가 공부하던 무이산에 비교하여 이황의 높은 학문과 덕망을 찬양했다.
그러자 이황도 시를 한 수 지어 답했다.

병들어 갇혀서 봄이 온 줄도 몰랐으나
그대가 오는 바람에 몸과 마음이 상쾌해졌네.

훌륭한 선비가 자라고 있음을 비로소 알아

스스로 지난날을 돌아보니 부끄러울 뿐이네.

좋은 곡식은 잡초가 자라는 것을 허락지 않고

맑은 거울은 먼지가 낄 수 없음이니

오늘 만난 기쁨을 글로만 자랑할 게 아니라

힘써 공부하여 나날이 더욱 친하여지도록 하세.

이이는 그곳에서 이틀 동안 학문에 대한 이야기를 나누다가 떠나게 되었다.

"제가 비록 몸은 떠나지만, 마음은 언제나 곁에 있으면서 선생님의 학문과 인품을 배우겠습니다. 저를 위해 한 말씀만 더 들려주십시오."

이황과 작별하면서 이이는 진지한 얼굴로 간청했다.

"잘 가시오. 그대와 같이 패기 있고 적극적인 젊은이를 만날 수 있게 된 것은 내 생애에 정말 큰 영광이었소. 아무쪼록 남을 속이는 사람이 되지 마시오. 또한 벼슬자리에 나가거든 일을 함부로 벌이지 마시오."

"명심하겠습니다."

이이는 하직 인사를 하고 안동 땅을 떠났다.

이황은 이이와 헤어진 후에도 그를 잊지 못해 가끔 편지로 격려해 주곤 했다.

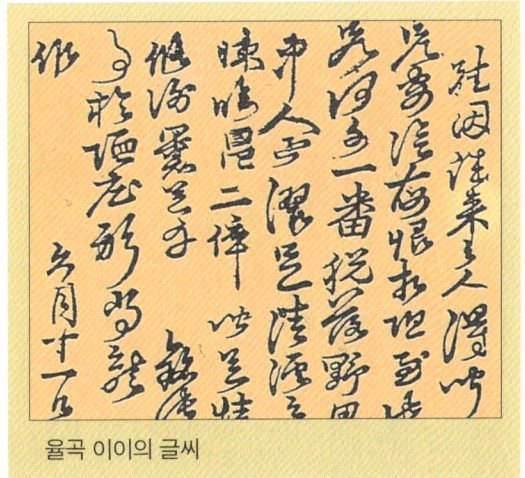
율곡 이이의 글씨

이이도 그때마다 감사의 답장을 써 보내 두 사람은 멀리 떨어져 있으면서도 자주 마음을 주고받았다.

그해 겨울, 조선에서는 별시라는 과거 시험을 실시했다.

별시는 나라에 기념할 만한 일이 있을 때 임시로 보는 특별 과거였다. 이이는 그 과거 시험에 또 응시했다.

시험 문제는 하늘의 이치를 묻는 것으로, 오늘날의 우주 과학에 관한 것이었다.

낮과 밤이 생기는 이치며 계절이 변하는 이유, 비나 서리가 내리는 까닭, 일식과 월식이 생기는 이치, 바람이 부는 이유, 혜성이 보이는 시기 등에 관해 써야 했다.

 이이는 《천도책》이라는 글을 써서 전국에서 모여든 많은 선비를 물리치고 장원 급제했다.

 이 《천도책》은 멀리 명나라에까지 알려져, 훗날 명나라에서 온 사신도 이이를 만나자마자 그 자리에 꿇어앉더니 선생님이라고 불렀다고 한다.

 그만큼 《천도책》의 내용은 그 누구도 따를 수 없을 만큼 도리에 맞고 훌륭했다.

 이이가 스물여섯 살 되던 해에는 그의 아버지 이원수마저 세상을 떠나게 되었다.

 이이는 어머니가 묻힌 자운산에서 장례를 지내고 다시 움막에서 3년을 보냈다.

 그러고 나서 삼년상이 끝나는 해에 과거를 보았는데, 이번에도 장원 급제했다.

 그 후 그는 세 번에 걸친 대과 시험에서도 계속 장원을 하였는데, 특히 임금이 직접 출제하는 마지막 문제도 훌륭히 풀어냈다.

이렇게 하여 이이는 열세 살에 처음으로 장원 급제한 이후, 과거 시험에 모두 아홉 번이나 장원으로 급제를 했다. 남들은 한 번 합격하기도 어렵다는 과거 시험에서 아홉 번이나 장원을 차지한 이이는 참으로 대단한 실력자였다. 그래서 사람들은 그를 '구도 장원공'이라고 불렀다.

과거에 급제한 후, 이이는 호조 좌랑이라는 벼슬을 맡아서 일하다가 예조 좌랑으로 자리를 옮겼다.

예조는 오늘날의 교육부와 외무부를 합친 것과 같은 관청인데 주로 교육과 예절, 외교 등을 담당했다.

이 무렵, 나라의 기강은 문란하기 짝이 없었다.

영의정 윤원형이 임금의 외삼촌이라는 관계를 내세워 자기 마음대로 정치를 하고 있었다. 윤원형은 자기와 뜻을 달리하는 많은 신하를 역적으로 몰아 죽이거나 벼슬자리에서 내쫓았다.

그리하여 사람 중에는 윤원형의 눈치를 보아 가며 아첨하는 사람들이 점점 늘어 갔다.

"나라와 백성을 위한다는 사람들이 어찌 이런 짓을 저지를 수 있는가? 또한 뜻있는 젊은 선비들이 이런 일을 보고 어찌 그냥 있을 수 있단 말인가?"

이이는 즉시 상소문을 써서 임금에게 올렸다. 그 당시는 신하들이 하고 싶은 말이 있을 때 글을 써서 임금에게 올리는 제도가 있었다.

한데 이이가 상소문을 쓰려고 하자, 옆에 있던 동료들이 모두 말렸다.

"지금이 어느 때인데 그런 상소문을 올리려고 하는가? 영의정은 대비마마의 동생이며 전하의 외삼촌일세. 그를 따르는 무리는 또 얼마나 많은가? 자네는 목숨이 아깝지 않은가?"

"아무리 그가 전하와 대비마마의 신임을 받고 있다고는 하지만, 나라와 백성은 위하지 않고 자신들의 권력을 유지하는 데에만 정신이 팔려 못된 짓을 일삼는데 어찌 그냥 보고만 있겠는가?"

"자네의 말은 백번 옳지만 지금 세상이 어디 바른말을 들어 주는 세상인가?"

"우리가 벼슬자리에 나온 것은 오로지 나라와 백성을 위한 것이 아닌가. 그러니 설사 죽는 한이 있더라도 바른말을 하는 것이 참된 신하의 도리이네. 아무도 말을 하지 않으면 그들은 더 못된 짓을 할 걸세."

이이는 절대 물러서지 않았다.

그리하여 이이가 죽을 각오로 상소문을 올리자, 지금까지 서로 눈치만 살피던 다른 관리들도 잇달아 상소문을 올려 이이와 뜻을 같이했다.

'죽음을 두려워하지 않고 이런 글을 올리는 신하가 있다니, 이 나라가 아직 살아 있다는 증거로다.'

지금까지 외삼촌 윤원형에게 억눌려 뜻대로 정치를 하지 못하던 명종은 상소문을 보고서 큰 힘을 얻었다.

그때, 명종의 어머니인 문정왕후가 세상을 떠났다.

그러자 명종은 즉시 바른말을 하는 신하들과 뜻을 모아 윤원형을 벼슬자리에서 내쫓았다. 영의정까지 올라 온갖 권세를 다 누리던 윤원형은 사람들의 눈을 피해 숨어 지내다가 병으로 비참하게 죽고 말았다.

그리고 명종은 이이의 관직을 사간원* 정언으로 옮겨 주었다. 정언이라는 직책은 임금의 잘못을 지적하여 바르게 고치도록 하는 자리였기 때문에 그 책임이 막중했다.
　"경과 같은 신하가 내 곁에 있기에 마음 든든하오. 주저하지 말고 짐이 바른 정치를 할 수 있도록 도와주시오."
　"네, 힘닿는 데까지 열심히 하겠습니다."
　그 후, 이이는 틈나는 대로 임금이 하는 일을 도왔다.
　그는 명종에게 다음과 같은 글을 올린 적도 있었다.

첫째, 참되고 바른 마음으로 정치를 하십시오.
둘째, 현명하고 어진 인재를 뽑아 나랏일을 맡기십시오.

사간원

조선 시대 국왕에 대한 간쟁(諫諍)과 논박(論駁)을 담당한 관청이다. 사헌부와 함께 대간(臺諫), 홍문관(弘文館)·사헌부와 함께 삼사(三司), 형조(刑曹)·사헌부와 함께 삼성(三省)이라 하였다. 국왕에 대한 간쟁, 신료에 대한 탄핵, 정치·인사 문제 등을 맡았다.

조선 시대 중앙 관제도

셋째, 백성들을 편안하게 하여 안심하고 일을 할 수 있도록 하십시오.

이런 마음을 가지고 바르게 국가를 통치하면 덕이 있는 임금으로 존경받으실 것입니다.

이 글이 <시무삼사(時務三事)>로 명종은 이 글을 보고 그대로 실천하기 위해 애를 썼다.

그는 곧 이이에게 이조 좌랑의 자리를 맡겼다. 이조는 관리들을 임명하는 곳이었다.

이조 좌랑이 된 이이는 모든 일을 공정하게 처리하려고 노력했다.

아무리 권세가 있는 사람의 친척이라 하더라도 일을 제대로 해내지 못하면 채용의 기회를 주지 않았다.

반드시 능력과 인품에 맞게 임명하도록 명종에게 추천했다. 그럴 때마다 명종은 이이의 의견을 받아들여 능력 있고 덕 있는 사람들을 벼슬자리에 임명했다.

1567년 6월, 명종이 임금의 자리에 오른 지 스물두 해 만

에 서른네 살의 젊은 나이로 세상을 떠나고 말았다.

그리하여 열여섯 살의 어린 왕자가 임금의 자리에 올랐다. 그가 나중에 임진왜란으로 엄청난 고초를 겪은 선조이다.

열여섯 살의 어린 왕자가 갑자기 임금의 자리에 올랐기 때문에 자연스럽게 선조의 어머니인 인순왕후 심씨가 나서서 정치를 하게 되었다.

이렇게 되자 이번에는 인순왕후의 친정인 심씨 일파가 세도를 부리기 시작했다.

그중에서도 인순왕후의 친정 오빠이자 선조의 외삼촌인 심통원은 온갖 나쁜 일을 일삼았다.

'지난번에는 윤원형이 그토록 세도를 부려 나라를 어지럽히더니 이번에는 심통원인가?'

벼슬자리에 있는 사람들은 또다시 걱정하기 시작했다.

그러나 심통원의 권세가 워낙 드셌기 때문에 아무도 그의 잘못에 대해 말하는 사람이 없었다.

심통원의 세도를 보다못한 이이는 선조를 찾아가서 간곡

하게 말했다.

"선왕이셨던 명종께서는 간신들을 멀리하여 나라의 바탕을 튼튼히 하셨습니다. 그런데 지금은 전하를 믿고 함부로 권력을 휘두르는 간신들이 나라를 어지럽히고 있습니다. 그중에서도 대표적인 사람이 바로 전하의 외삼촌이신 심통원입니다. 그는 바른말을 하는 충신들을 내쫓고 나랏일을 마음대로 처리할 뿐 아니라, 재물을 긁어모으는 데 별별 짓을 다 동원해서 백성들이 고통을 받고 있습니다. 그러니 전하께서는 부디 심통원을 비롯한 간신들을 벌하시고, 나라를 직접 다스려 정치가 바로잡힐 수 있도록 해 주십시오."

이것은 죽음을 두려워하지 않는 용감한 행동이었다.

"그렇소. 옳은 말이오."

선조는 곧 이이의 말대로 모든 일을 처리했다.

물론 어머니인 인순왕후와 외삼촌의 반발 때문에 숱한 어려움을 겪어야 했지만, 마침내 심통원은 벼슬자리에서 쫓겨나 귀양을 가게 되었다.

"옳거니! 우리를 그렇게 못살게 굴더니 꼴좋다."

"야, 이 도적놈아! 그동안 그렇게 나쁜 짓을 일삼더니 귀양 가는 맛이 어떠냐? 고생을 해야 정신을 좀 차릴 게다."

심통원이 귀양을 가는 길에는 그동안 그 때문에 고통을 받았던 백성들이 몰려 나와 침을 뱉으며 욕설을 퍼부었다. 옳지 못한 일을 한 사람의 치욕적인 종말이었다.

역사 속으로

을사사화

을사사화는 1545년(명종 원년) 중종의 제2계비 문정왕후의 오빠인 윤원형 일파가 중종의 제1계비인 장경왕후의 오빠인 윤임 일파를 몰아내어 사림이 크게 화를 입은 사건이다.

배경

김안로에 의해 정계에서 쫓겨났던 문정왕후 측의 세력인 윤원로·윤원형 형제는, 김안로가 정권을 잃은 뒤 다시 등용되어 점차 정권을 장악하게 되었다. 그러자 조선은 윤여필의 딸인 중종의 제1계비 장경왕후와 윤지임의 딸인 제2계비 문정왕후의 외척 간의 권력 투쟁으로 바뀌었다. 장경왕후가 원자 호를 낳고 죽은 뒤, 문정왕후가 경원대군 환을 낳자, 윤원로·윤원형 형제는 경원대군을 왕위에 올리고자, 세자의 외척인 윤임 일파와 대립하게 되었다.

경과

 인종(원자 호) 즉위 뒤 윤임 일파가 득세하였으나 윤원형 일파를 크게 박해하지는 않았다. 인종의 즉위와 함께 유관·이언적 등 사림의 명사들이 중용되고, 기묘사화 이후 은퇴했던 사림들이 다시 정권에 참여하였다. 또한 정권에 참여하지 못한 일부 사림들은 윤원형 일파에 가담하게 되었다.

 이때 공조 참판 윤원형이 윤임 일파로부터 탄핵받고 윤원로 역시 파직되자, 문정대비와 윤원형 측은 윤임과 인종에 대한 불만을 느끼게 되었다. 그러던 중 인종이 재위 8개월 만에 죽고 뒤를 이어 이복동생인 어린 경원대군이 명종이 되자, 문정대비가 수렴청정하였다. 그러자 다시 조정의 실권은 윤임 일파에서 명종의 외척인 윤원형의 일파에게로 넘어갔다. 명종 즉위 직후 재등용된 윤원로는, 윤임 일파의 세력을 숙청하기 위해 그들이 경원대군을 해치려 하였다고 거짓으로 고하였다. 그러나 영의정 윤인경과 좌의정 유관에 의해 탄핵당하여 오히려 파직되고 해남에 유배되었다.

 그러나 문정대비의 세력을 배경으로 예조 참의로 재등용된 윤

원형은 윤임 일파와 사이가 좋지 않았던 중추부지사 정순붕, 병조 판서 이기, 호조 판서 임백령 등을 이용해, 윤임이 그의 조카인 봉성군(중종의 8남)에게 왕위를 옮기도록 획책하고 있다고 거짓으로 고하였다.

결과

이로써 윤임·유관·유인숙 등은 반역 음모죄로 유배되었다가 죽임을 당하게 되었다. 또한 계림군도 음모에 관련되었다는 경기 감사 김명윤의 밀고로 주살되었다. 그 외에도 이휘·나숙 등 10여 명이 화를 입어 사형 또는 유배되었으며, 을사사화가 끝난 뒤에도 여파는 한동안 계속되어 을사사화 이래 수년간 윤원형 일파의 음모로 화를 입은 반대파 명사들은 100여 명에 달하였다.

1498년(연산군 4) 이후 약 50년간 관료 간의 대립이 표면화되어 나타난 대옥사는 을사사화로서 마지막이 되었으나, 중앙 정계에 대거 진출한 사림 세력에 의해 붕당이 형성되었다.

백성과 나라를 위한 충심

얼마 후, 이이의 벼슬은 홍문관 교리로 바뀌었다. 홍문관이란 임금을 보좌하는 기관이었다.

그때 강릉의 외할머니가 몹시 편찮으시다는 연락이 왔다.

이이는 외할머니의 병 때문에 벼슬자리에서 물러나고 싶다고 상소문을 올렸다. 그러나 더욱 큰 이유는 대궐 안에 있는 사람들끼리 서로 편을 갈라 자신들의 이익만을 위해 몸부림치는 모습이 너무나 보기 싫었기 때문이었다.

그러나 선조는 허락하지 않았다.

"경처럼 학식과 인품을 갖춘 인재가 내 곁에 있어야 나라의 기강이 바로 서지 않겠소? 대신 외할머니댁에는 가고 싶을 때 언제든 갈 수 있도록 해 주겠소."

선조는 이이에게 호당에 들어가 학문을 연구하도록 했다. 호당이란 당시의 중요한 학문 연구 기관이었다.

호당에 들어간 이이는 다시 선조에게 올리는 《동호문답》이라는 책을 써서 올렸다. 그 책의 내용은 당시 제도에 대한 폐단을 없애 백성들이 편안하게 살 수 있도록 하자는 이야기였다. 이이는 백성들이 편히 잘 살아야 나라가 튼튼해진다는 생각에 변함이 없었다.

그러나 선조는 결단성이 없었다.

이이의 말이 옳다는 것은 알면서도 다른 신하들의 눈치를 보는 일이 많았다.

"전하, 백성들이 있어야 나라가 있는 법이고, 그들이 편안히 맡은 일에 최선을 다할 수 있어야 나라가 튼튼해집니다. 그러나 지금은 백성들이 안심하고 자기 일에 종사할 수

가 없습니다. 그들이 마음 놓고 살아갈 수 있는 길을 열어 주셔야 합니다."

이이는 틈나는 대로 선조에게 자기의 생각을 말했다.

그러나 선조는 여전히 대신들의 눈치를 살폈다.

"대신들이 모두 반대하니 좀 더 때를 기다립시다."

이런 일들이 이이에게는 매우 견디기 어려운 것이었다.

'백성들의 고통을 덜어 주지 못하면서 관직에 있는 것은 내 양심이 허락지 않는다. 차라리 시골로 내려가 학문을 연구하는 편이 낫겠다.'

이이는 틈만 나면 관직에서 물러날 생각을 하고 있었다.

그때 외할머니가 병으로 세상을 떠났다.

그래서 이이는 급히 강릉으로 내려가 정성껏 장례를 치렀다. 그리고 그는 1년 가까이 집에서 쉬면서 학문에만 전념했다.

그러나 조정에서는 이이와 같은 인재를 그냥 두기 아까워 청주 목사로 보냈다. 목사란 오늘날의 군수와 같은 벼슬이었다.

'나에게는 차라리 잘 되었다. 청주에 가서 그동안 생각해 온 대로 정치를 해 봐야지.'

청주 목사로 내려간 이이는 백성들이 사는 모습을 직접 보면서 그들이 바르게 살아가도록 많은 힘을 기울였다.

그 가운데 하나가 바로 향약을 만든 일이었다.

착한 일은 서로 권한다.
잘못하는 일이 있을 때는 서로 충고한다.
예의로써 이웃과 서로 친하게 지낸다.
어려운 일이 있을 때는 서로 돕는다.

이처럼 향약은 백성들이 스스로 이웃과 서로 돕고 사이좋게 지내도록 정해 놓은 규약이었다.

이 일은 곧 조정에도 알려져 선조의 귀에까지 들어갔다.

선조는 이이의 벼슬을 올려 다시 대궐로 불렀다. 하지만 이이는 상소문을 올리고 나서 고향으로 내려갔다.

"지금 저 같은 사람을 불러 쓸 것이 아니라 조정에 있는

〈강릉 향교〉
불에 타 소실된 것을 이맹상 등이 중건했다.

부정부터 뿌리 뽑아야 하옵니다. 간신들을 몰아내고 백성들을 내 몸같이 위할 줄 아는 인재를 발굴하소서."

그러나 선조는 또다시 이이를 임금의 비서 격인 동부 승지로 임명하고 조정으로 나와 줄 것을 명했다.

이이는 하는 수 없이 대궐로 갔다.

"향약은 참으로 좋은 규약이오. 하루빨리 전국에 퍼뜨려서 실시하도록 하시오."

선조의 명을 받은 이이는 맡은 일에 최선을 다했다.

그러나 세상일이라는 것이 생각만큼 쉬운 것은 아니었다. 남이 잘되는 것을 시기하고 질투하는 간신들 때문에 기껏 만들어 놓은 좋은 법도 실행하기가 어려웠다.

도무지 이해할 수 없는 사람들이었다.

나라와 백성을 돌보는 일은 뒷전이고 언제나 더 높은 벼슬을 얻기 위해 서로 다투었다. 또한 자기와 뜻이 같지 않은 사람들은 역적으로 몰아 벼슬자리에서 쫓아내려고 했다.

특히 그 무렵 조정에서는 동인과 서인으로 나뉘어 서로 싸움을 일삼는 붕당 정치를 하고 있을 때였다. 처음에는 사소한 일로 의견 대립을 하다가, 나중에는 서로 죽고 죽이는 엄청난 일로까지 번지고 말았다.

'이러다간 나라 꼴이 정말 엉망이 될지도 모르겠구나.'

이이는 붕당 정치를 막으려고 온갖 힘을 다 기울였지만 혼자 힘으로는 감당하기가 어려웠다.

이이는 다시 상소문을 올리고 벼슬자리에서 물러나 고향인 경기도 율곡촌으로 내려갔다. 이이의 나이 마흔 살이 되던 해였다.

그 후 이이는 다시 산과 물이 어우러져 아름다운 해주 석담으로 거처를 옮겨 그곳에 '청계당'이라는 집을 지었다.

'형제는 한 부모에게서 태어났다. 비록 가난하게 살더라도 우애 있게 살아야 한다. 멀리 떨어져서는 그럴 수가 없으니 가까이 모여 살도록 하자.'

이렇게 생각한 이이는 어렸을 때부터 꿈꾸었던 것처럼 친척들을 모두 불러 함께 살았다. 많은 형제와 친척들이 한 집에 많이 모여 살면서도 이이가 정한 규칙과 예법을 잘 지켰기 때문에 항상 화목하고 사랑이 넘쳤다.

또한 이이는 이 무렵부터 제자들을 가르치기 시작했다.

평소 그의 인격과 학문을 존경하던 많은 사람이 찾아와 제자가 되기를 간청했다. 이이는 그렇게 찾아오는 사람들을 모두 제자로 받아들였다.

그러나 늘 청렴하고 검소한 생활을 했기 때문에 어떤 때는 끼니조차 잇기가 어려웠다.

어느 날, 이이의 집에 손님이 찾아왔다.

이이는 그를 매우 반갑게 맞이하여 시간 가는 줄도 모르고 이야기를 나누었다.

한데 점심때가 다가와도 그 손님은 갈 생각을 하지 않았다. 이이의 부인은 점점 애가 탔다.

　손님에게 점심을 대접해야 하는데, 아무리 찾아봐도 집안에는 마땅한 찬거리가 없었다.

　점심때가 되어 부인은 하는 수 없이 보통 때와 같은 밥상을 차려서 사랑방으로 내갔는데, 그 밥상은 잡곡밥에 물 한 그릇, 간장 한 종지가 전부였다.

　"우리 집은 이렇게 먹습니다. 처음 먹어 보는 사람은 좀 먹기 힘들겠지만 그래도 시장하실 테니 어서 드시지요."

　이이는 조금도 부끄러운 기색 없이 말했다.

　"대감께서 이렇게 사시는 줄은 정말 몰랐습니다."

　"시장이 반찬이라는 말 들어 보셨소? 다른 사람보다 약간 늦게 먹으면 아무리 찬이 없는 밥이라도 꿀맛이라오."

　이이는 숟가락을 들고 맛있게 먹기 시작했다.

　손님도 하는 수 없이 이이를 따라서 밥을 먹었다. 그러면서도 검소하게 사는 이이의 모습이 오히려 대단해 보였다.

　이런 사실을 재령 군수*로 있던 최립이 알게 되었다.

"이이처럼 훌륭한 일을 많이 하는 사람이 끼니를 굶어서야 하겠는가?"

최립은 곧 사람을 시켜 쌀 스무 가마를 보냈다.

"군수인 최립이 무슨 쌀이 많아서 이렇게 보냈단 말인가? 틀림없이 나라의 쌀이거나 백성들의 쌀을 모아 보냈을 것이다. 이런 것을 받아서 먹기보다는 배고픈 것을 견디며 사는 것이 더 옳은 일이다. 가난하다고 부끄럽게 살 수는 없다."

이이는 즉시 쌀을 되돌려 보냈다.

새로운 제자들은 계속 찾아왔다. 그러다 보니 어느덧 1백 명도 넘는 제자들이 모이게 되었다.

"허허, 배움을 위해 찾아오는 젊은이들이 이렇게 많은데

군수

군의 행정을 맡아 보던 지방 장관. 신라 시대에는 군에 태수를 두었고, 고려 시대에는 지군사를 두었는데, 조선 세조 12년에 지군사의 명칭을 군수로 바꾸었다. 군수는 일반 백성들을 다스리는 목민관으로서 광범위한 권한을 가지고 있었으나, 주된 임무는 공물과 부역 등을 중앙에 조달하는 일이었다.

조선 시대의 지방 관제도

들일 방이 없으니……."

이이는 무척 안타까워했다.

"선생님, 걱정하지 마십시오. 저희가 흙과 나무를 구해 집을 짓겠습니다."

스승의 마음을 헤아린 제자들이 앞다투어 나섰다.

"그래 주겠나? 고맙네!"

이이도 흔쾌히 허락하고 직접 집터를 잡아 주었다.

이이는 그 집을 '은병정사'라 이름 짓고 더욱 열심히 학문을 가르쳤다.

제자들을 가르치면서 《격몽요결》이라는 책을 지은 것도 이 무렵이었다. 이 책은 처음 배움의 길에 들어선 제자들과 백성들에게 앞으로 해야 할 일을 밝힌 것이었다.

이 무렵, 이이의 은병정사에 찾아와 가르침을 받은 제자들은 모두 108명이나 되었다.

"나는 율곡 선생님의 108 제자 중 한 사람이다."

제자들은 어디에 가서든지 이렇게 당당하게 말했다. 또한 이것은 대단한 자랑거리이기도 했다.

그중에는 뛰어난 제자도 많았다. 유학자 김장생을 비롯하여, 임진왜란이 일어나자 금산에서 7백 명의 의병과 함께 왜군에 맞서 싸우다 전사한 조헌, 인조반정 때 큰 공을 세운 이귀 등이 그들이었다.

사람들은 이이를 가리켜 공자가 우리나라에 다시 태어난 것과 같다는 뜻으로 '해동공자'라고 부르기도 했다.

그 사이 선조는 이이에게 여덟 차례나 벼슬자리를 내렸지만 한 번도 나서지 않았다. 그는 '은병정사'에서 제자들만을 가르치는 한편, 나라가 잘되려면 붕당 정치를 뿌리 뽑고 옳지 못한 간신들을 내쫓아 나라의 기강을 바로잡아야 한다는 상소문만을 올렸다.

그러면서도 이이는 어떻게 하면 백성들이 가난을 면하게 할 수 있을까 궁리에 궁리를 거듭했다.

그래서 생각해 낸 것이 사창 제도였다. 이것은 추수를 마친 가을에 곡식을 모아 두었다가 식량이 부족한 봄에 이자 없이 꾸어 주는 제도였다.

백성들은 대찬성이었다. 그리하여 백성들은 곡식이 풍부

할 때일지라도 아껴서 저축할 줄 알게 되었다. 또한 필요할 때 곡식을 손쉽게 빌릴 수 있어서 굶는 사람이 훨씬 줄어들게 되었다.

이이는 농민들은 늘 열심히 일하는데, 양반들은 일을 천하게 여기고 빈둥거리며 노는 것이 몹시 못마땅했다.

"일하지 않으려면 먹지도 말아야지."

이이는 이렇게 생각하고 자신도 할 수 있는 일이 있는지 찾아보았다.

결국 그는 대장간*일을 찾아 망설이지 않고 그 일에 매달렸다. 손수 풀무질하고 쇠를 녹여 괭이나 호미 따위를 만들어서 이웃에 나누어 주기도 하였다.

사실 그 당시 풍습으로 보아 대장간 일은 천한일 중에서

대장간

쇠를 달궈 각종 연장을 만들어 내는 곳. 옛날에는 시골 장터나 마을 단위로 반드시 대장간이 있어, 무딘 농기구 등 각종 연장을 불에 달군 후 두드려 날카롭게 하거나 새로 만들어 냈다. 대장간에는 풀무 외에 모루, 정, 메, 숫돌 등이 갖추어져 있었다.

조선 시대의 대장간을 그린 <대장간도>

도 천한 일로 여겨지고 있었다.

마을에서는 이이가 그렇게 행동하는 것을 못마땅하게 생각하는 사람도 있었고, 말리는 사람도 있었다.

"이런 일은 천민들이나 하는 것이지 결코 양반이 손을 대서는 안 됩니다."

"일이란 다 같은 손으로 하는 것인데 천한 일이 어디 있고, 천하지 않은 일이 어디 있단 말이냐?"

하지만 이이의 행동에 대한 반응은 좋지 않았다.

"뭐라고? 이이가 그따위 천한 일을 한다니, 양반 망신 혼자 다 시키는군."

"누가 아니래. 공연히 쓸데없는 짓을 하고 있군."

그런 가운데 종종 용기 있고 아름다운 일이라며 높이 평가하는 사람들도 있었다.

"율곡 선생 같은 분도 일하는데 우리가 어찌 놀고먹을 수 있겠나?"

"우리도 그분을 본받아 무슨 일이든지 열심히 하세."

이처럼 마음을 고쳐먹는 사람들이 점점 더 늘어 갔다.

그리하여 이이의 이웃에는 가난하게 생활하는 사람들이 거의 없어졌다.

선조 15년, 이이는 다시 벼슬길에 나서게 되었다.

〈오죽헌 문성사〉
율곡 이이의 영정을 모셔 놓은 사당이다.

선조의 간청을 계속 뿌리치는 것도 도리가 아니라고 생각했기 때문이었다.

이때의 벼슬은 형조 판서였다. 형조란 죄를 지은 사람들을 다스리는 부서이고, 판서는 그 부서의 최고 책임자를 말한다.

'나라의 법이 바로 서야만 열심히 일하는 백성들이 안심하고 살 수 있다.'

그는 형조 판서가 되자 공정하게 일을 처리하기 위해 온 힘을 기울였다. 권력을 믿고 함부로 법을 어기는 사람들에게는 큰 벌을 내리고, 죄 없는 백성들이 억울하게 벌을 받는 일은 절대 없도록 하였다.

그해 말, 명나라 사신이 우리나라에 오게 되었다.

그 당시 명나라는 우리나라가 자기네 나라보다 약하다고 몹시 얕보고 있었다. 사신들은 은근히 트집을 잡아 우리를 곤란하게 만들곤 했다.

그래서 조정에서는 멀리까지 나가 사신을 맞아들이는 책임자인 원접사를 고르는 데 신중을 기했다. 조정에서는 의논 끝에 원접사로 이이를 보내기로 했다.

원접사가 된 이이는 압록강까지 나가서 사신을 맞이했다. 원래 검소하게 사는 이이였기 때문에 이날도 수수한 차림으로 나갔다.

"아니, 저렇게 초라한 사람이 우리를 맞이하려고 나온 원접사란 말인가?"

명나라에서 온 사신들은 이이를 보고는 배에서 내릴 생각도 하지 않고 물었다.

대단히 못마땅한 표정들이었다.

"네, 그렇습니다."

통역관이 대답했다.

"왜 조선의 조정에서는 저런 촌뜨기를 원접사로 내보냈을까? 우리를 업신여기는 것이 틀림없어."

"그럴 리가 있겠습니까. 저분은 아홉 번이나 장원 급제를 하신 분으로 대제학까지 지내신 형조 판서이며……."

통역관은 사신들의 눈치를 살펴 가며 조심스럽게 말했다.

"뭐라고? 아홉 번이나 장원 급제 했다면, 《천도책》을 쓰신 분이란 말인가?"

사신들의 표정이 완전히 달라졌다.

"그렇습니다. 저분이 바로 율곡 이이 대감이십니다."

"이런, 몰라보고 큰 실례를 범할 뻔했군. 우리 명나라에서도 유명하신 분을 만나게 된다니 영광이로군."

명나라 사신들은 이이를 만나기 위해 서둘러 배에서 내렸다. 서로 정중하게 인사를 나누고 한성으로 오는 길에 한 사신이 이이에게 물었다.

"원접사께서는 명나라와 조선, 두 나라의 관계를 어떻게 생각하고 계십니까?"

그것은 은근히 명나라에 비해 조선이 형편없는 나라라는 것을 뜻하는 물음이었다.

"따지고 보면 세계는 모두 한 나라인데, 안과 밖이 따로 있겠습니까?"

이이의 말에 사신들은 깜짝 놀랐다. 이이는 전 세계를 하나의 나라로 보고 있었다.

그들은 자신들의 지식과 인품으로는 이이의 상대가 되지 않는다는 것을 깨닫고 얼른 무릎을 꿇었다.

"저희의 생각이 얕아 대인의 뜻을 깨닫지 못했습니다. 부디 좋은 가르침을 주십시오."

"아닙니다. 이러지 마십시오. 나는 다른 사람을 가르칠 만큼 큰 그릇이 못 됩니다."

이이가 사신들의 손을 잡아 일으키려고 했다.

그러나 그들은 한사코 이이에게 훌륭한 가르침을 달라고 간청했다.

"자, 모두 일어서세요. 다시 이야기를 나눌 기회야 얼마든지 있지 않겠습니까?"

사신들은 이이가 허락했다는 뜻으로 받아들이고 하나둘 일어서서 대궐로 들어갔다. 그 후 이이는 그들에게 바르게 사는 길에 관해 이야기해 주었다.

"사람은 어떻게 살아야 하겠소? 덕으로 살아야지요. 덕이란 사람의 본바탕에서 나오는 마음입니다. 남의 좋은 점을 칭찬할 줄 아는 사람은 크게 발전할 것입니다. 남의 좋은 점을 거울삼아 자기도 그렇게 되도록 노력할 것이기 때문이지요. 남의 슬픈 일을 가슴 아파하는 사람은 주위 사람에게 존경받습니다. 그런 사람의 주위에는 많은 친구가 모여들게 되어 있습니다. 또한 남의 잘못을 깨우쳐 주는 사람이 진정으로 용기가 있다고 할 수 있습니다. 남의 재물을 보고 탐내지 않으면 바르게 살아갈 수 있어요. 모든 재앙은 재물을 탐내는 데서 시작되는 것이기 때문입니다."

사신들은 이이의 말을 듣고 감격했다.

명나라 사신들은 자기네 나라로 돌아가서도 이이의 학

문과 인품에 대해 널리 소개하여 조선에 큰 인물이 있음을 알렸다.

역사 속으로

조선의 붕당 정치

조선 시대에 관료들이 서로 파벌을 이루어 정권을 다투던 일로, 당쟁이라고도 한다.

발단

1575년(선조 8) 이조 전랑직을 둘러싼 김효원과 심의겸의 대립에서 시작되었다. 전랑직은 정5품으로 그 직위는 낮으나 인사권을 가진 직책이었기 때문에 김효원을 중심으로 한 동인(東人)과 심의겸을 중심으로 한 서인(西人)인이 맞서게 된 것이다.

〈송시열의 초상화〉
조선 후기, 이조판서와 좌의정 등을 역임한 노론의 영수이다.

경과

처음에는 동인이 우세하여 서인을 공격하였다. 하지만 동인은 다시 강경파인 북인(北人)과 온건파인 남인(南人)으로 나누어졌

다. 남인은 우성전·류성룡이 중심이 되었고, 북인은 이발·이산해 등이 중심이 되었다. 하지만 남인이었던 류성룡은 임진왜란 후 화의를 주장하였다는 이유로 실각하였고, 결국 북인인 남이공이 정권을 잡으면서 남인은 몰락하였다.

힘을 얻은 북인은 다시 선조의 후사 문제를 계기로 대북과 소북으로 갈라져 대립하였다. 이때 대북파가 옹립하는 광해군이 왕위에 오르자 정권을 장악하였다. 또한 대북파는 소북파를 전멸시키기 위하여 영창 대군을 모함·살해했으며 외척인 김제남과 그 일족을 처형하였다. 하지만 이러한 광해군과 대북파의 폭정은 오히려 서인에게 집권할 기회를 주었다. 서인들은 인조반정을 일으켜 능양군(인조)을 왕으로 옹립하였으며 인조가 왕위에 오르자 천하는 서인의 수중으로 들어갔다. 이 때 이이첨·정인홍 등 대북파 수십 명이 처형되었고, 수백 명이 유배되었다. 동시에 남인이 이원익을 중심으로 제2의 세력으로 등장하여 숙종 때까지 100여 년 동안 서인과 남인의 대립이 이어졌다.

그러나 서인도 송시열을 중심으로 한 노론과 윤증을 중심으로 한 소론으로 갈라졌다. 그러던 중 1689년(숙종 15) 서인이 물

러나고, 송시열이 사사되는 기사환국으로 남인이 다시 등용되었다. 그러나 1694년 숙종에 의하여 남인이 다시 쫓겨나고 서인이 재등용되는 갑술환국이 일어났다. 그 이후 서인의 노론과 소론이 대립하게 되었다.

결과

여러 당쟁을 겪으면서 왕위에 오른 영조는 당쟁을 없애고 인재를 공평하게 등용하기 위해 '탕평책'을 내세웠다. 그러나 여전히 권세는 노론의 수중에 있었는데 1762년 사도 세자 사건을 둘러싸고 남인도 시파와 벽파로 나뉘었다. 남인의 세력은 정조를 등에 업고 다시 세력을 펼치게 되었으나 순조가 즉위하면서 노론의 벽파가 큰 힘을 얻게 되었다. 이들은 1801년 신유사옥을 일으켜 시파의 많은 가톨릭 교인을 죽였으며 실학자의 대부분을 차지하는 남인을 말살시켜 버렸다.

백성을 사랑한 율곡

선조 16년이 되던 해에 이이는 대제학과 병조 판서를 겸하게 되었다.

대제학은 오늘날의 국립 대학교 총장과 같은 직위였고, 병조 판서는 군사와 국방에 관계된 업무를 맡아 보는 기관의 최고 책임자였다.

이 무렵, 남쪽에서는 툭하면 왜구들이 육지로 쳐들어와 백성들을 괴롭혔다. 그런가 하면 북쪽 지방에는 오랑캐인 여진족들이 밀고 내려와 안심하고 살 수가 없었다.

"나라는 붕당 정치로 어지러운데다 변방에는 왜구와 오랑캐들이 자꾸만 쳐들어오니 어찌 백성들이 안심하고 살 수 있겠소? 경이 병조의 일을 맡아서 국방을 튼튼히 하여 백성들이 편안하게 살아갈 수 있도록 해 주시오."

선조는 이이에게 간곡하게 부탁했다.

병조 판서에 오른 이이는 며칠 밤을 새우며 병조의 실태를 파악하고 군사와 무기 등을 정비했다.

한 마디로 병조의 형편은 말이 아니었다.

군사들은 너무나 부족했고, 무기도 허술하기 짝이 없었다. 또한 군량미 창고도 텅텅 비어 있었다.

'만약 이웃 나라에서 이런 사정을 알고 쳐들어오기라도 한다면 무엇으로 막는단 말인가!'

이이는 한탄하며, 즉시 국방을 강화할 계획을 세워나가기 시작했다.

그러는 사이에 함경도 변방을 지키는 수령으로부터 오랑캐가 쳐들어오고 있다는 보고가 들어왔다.

하지만 어떻게 손을 써 볼 수가 없었다. 당장 나가서 맞서 싸울 군사들도 없는 데다, 모집해도 선뜻 응하는 사람이 없었다.

이이는 생각 끝에 군사를 모집한다는 방문을 붙였다.

〈김정호의 대동여지도 함경도 부분〉
중국 동북 지방에 살던 오랭캐 접경 지역이다.

나라를 지키려는 일에 양반과 상민이 따로 없다. 싸움에 출전하는 백성에게는 서자라도 과거를 볼 자격을 주며, 종의 신분을 가진 자에게는 평민으로 대우해 줄 것이다.

고을마다 이러한 방문이 나붙자, 서자나 종의 신분 때문에 어려움을 겪던 사람들이 두 손을 들어 환영했다.

조선 시대에는 신분 차별이 심해서 양반들만 공부하여 과거를 볼 수 있었다. 그리하여 양반들만 정치를 할 수 있었으며, 양반들만 문화 활동을 했다.

서자들은 아버지가 양반이라도 벼슬길에 나아갈 수 없었고, 평민들은 평생 농업이나 상업 활동만 하고 살아야 했다. 또한 종의 신분으로 태어난 사람들은 죽을 때까지 남의 집 종살이밖에 할 수 없었다.

아무리 머리가 좋아도 그들은 나랏일을 할 수 없었고, 인간다운 대접을 받지 못했다.

그런 판국에 군사가 되면 신분의 차별을 없애 주겠다고 하니, 그들로서는 좋아할 수밖에 없었다.

지금까지 인간 대접을 제대로 받지 못했던 서자와 평민, 종들은 앞다투어 지원했다.

그들의 사기는 하늘을 찌를 듯이 높았다. 이이는 군사들을 훈련하고 오랑캐를 몰아내는 데 이들을 활용했다. 결과는 대성공이었다.

"이이 대감 덕분에 우리는 이제 과거도 볼 수 있게 되었다."

"평생 동안 지긋지긋하게 따라다니던 종의 신분을 이젠 면할 수 있게 되었어."

이이는 그들에게 구세주나 마찬가지였다. 특히 천민 계급에 있던 사람들은 너무나 좋아했다.

여진족을 물리치는 등 나라를 위해 힘쓰던 이이는 그해 6월에, 나라의 힘을 기를 수 있는 여섯 가지 방법인 <시무6조>를 선조에게 올렸다.

그리고 이이는 더 나아가 선조에게 이렇게 건의했다.

"지금 우리나라는 국력이 너무나 약화하여 있습니다. 그래서 이대로 간다면 10년을 버티기 어렵습니다. 따라서 앞날의 위기에 대처하기 위해서는 지금부터라도 나라의 기강을 바로 세우셔야 합니다. 앞으로 10년 이내에 왜적의 침입이 있을 것으로 예상되오니, 10만 군사를 길러 국방을 튼튼하게 하옵소서. 왜적이 쳐들어왔을 때 이를 저지하기 위해서는 미리 군사를 뽑아서 훈련을 시켜 두어야만 합니다."

이것이 그 유명한 이이의 '10만 양병설'이다.

하지만 그러한 의견은 평소에 이이를 시기하고 질투하던 무리로부터 강한 반대에 부딪혔다.

"지금과 같이 태평한 시대에 10만이나 되는 군사를 왜 뽑는다고 하는지 모르겠습니다. 그렇게 군사를 뽑아 놓으면 그들이 종사하던 농업이나 어업은 누가 대신하며 그들을 먹이고 입힐 경비는 어디에서 나옵니까? 그리고 무엇보다도 안심하고 잘 사는 사람들에게 공연히 전쟁의 불안감을 심어 주는 일은 나라의 안정을 위해서도 좋지 못한 일입니다."

그러나 이이도 양보하지 않았다.

"나라가 태평한 때에 미리 준비해 놓아야만 어려운 일이 생겼을 때 재빨리 대비하여 피해를 줄일 수 있지요. 그런 의미에서 준비하자는 것이오. 10만 군사를 모두 한성에 모아 어떻게 하자는 것이 아니라 한성에는 2만 정도, 각 도에서 1만 정도씩 주둔케 해 훈련을 시키면 유사시에 유용하게 쓸 수 있지요. 그리고 그들의 생업을 걱정하는데, 그들을 늘 군사로 묶어 두자는 게 아니라 훈련을 받게 한 후에 평상시에는 고향으로 돌아가 생업에 종사하도록 하면 문제 될 것이 하나도 없습니다."

"그러나 그것은 백성들에게 공연히 불안감을 줄 뿐입니다. 공의 의견은 옳지 않아요."

반대파의 주장도 만만치 않았다.

"지금 불안감을 주기 때문에 안 된다는 말씀인데, 만약 이웃 나라에서 군사를 일으켜 쳐들어왔을 때 당해야 하는 수많은 백성의 고통을 생각해 보셨습니까?"

"평화로운 이때 왜 자꾸 전쟁, 전쟁하는 것이오?"

류성룡*도 반대파의 한 사람이었다. 그래서 결국 반대파의 의견 쪽으로 기울었다. 선조 또한 전쟁이 일어난다는 것은 상상조차 하기 싫었다.

이이는 땅을 치며 통탄했다.

'벼슬자리에 있는 자들이 모두 저 모양이니, 나라 꼴이

류성룡(1542~1607)

조선 중기의 문신. 호는 서애이고, 시호는 문충. 퇴계 이황의 제자로서 1566년 문과에 급제하여 이조 좌랑을 거쳐 부제학에 올랐다. 임진왜란 때는 도체찰사로 있으면서 이순신과 권율 등의 장군을 추천하여 나라를 구하는 데 힘쓰기도 했다. 문장, 글씨, 덕행으로 이름을 떨쳤다.

경북 안동에 있는 서애 류성룡의 묘소

뭐가 될 것인가? 겉으로는 백성들을 위한답시고 사리사욕에 눈이 어두워 싸움만 일삼고 있으니…….'

이이가 낙담하여 대궐을 나오는데, 류성룡이 따라 나왔다. 류성룡은 나중에 영의정까지 지낸 사람으로, 임진왜란 때 이순신 장군을 여러모로 도와주기도 했다.

"다른 사람이야 어리석어 그렇다 하더라도 자네같이 총명한 사람이 앞일을 뻔히 알면서도 어찌 반대하였는가? 이 나라는 장차 어찌하라고……."

류성룡은 아무 말도 못 하고 고개만 푹 숙였다.

"이 나라는 붕당 정치 때문에 반드시 큰일을 당하게 될 걸세. 그러니 이제부터라도 앞날을 똑바로 판단하도록 하게. 자네는 학문도 높고 인품도 훌륭하니까……."

이이는 진심 어린 충고를 하고 대궐에서 나왔다.

이 무렵, 이이는 병이 들어 무척 힘든 나날을 보내고 있었다. 그는 선조에게 벼슬자리에서 물러나 잠시 쉬게 해 달라고 부탁했다.

"그동안 경이 있었기에 이만큼이나마 나라를 지탱해 왔

는데 물러나다니……."

선조는 선뜻 허락하지 않았다.

"황공하옵니다. 소신의 힘이 너무 미약하여 나랏일을 제대로 살피지 못하였사옵니다."

"아니오. 그대의 큰 뜻을 내가 다 받아들이지 못하는 현실이 안타까울 따름이오."

"전하, 잠시 쉬었다가 병이 낫거든 다시 찾아뵙겠사옵니다."

선조는 하는 수 없이 허락했다.

떠나는 이이와 보내는 선조의 눈에서 섭섭함과 아쉬움의 눈물이 흘러내렸다.

이이가 떠난 조정은 다시 어지러워졌다.

동인과 서인으로 갈라진 사람들은 나랏일은 뒷전인 채 서로 반대파를 없애기 위해 갖은 모략과 비방을 일삼았다.

사소한 견해차로도 서로 갈라져 싸웠고, 옳은 일도 상대편에서 주장하면 반대부터 하고 나섰다. 그리하여 무고한 벼슬아치들이 누명을 쓰고 쫓겨나기도 했다. 더구나 송응

개, 박근원, 허봉 같은 사람들은 이이에게 엄벌을 내려야 한다고 주장까지 하였다.

하지만 선조는 오히려 그들에게 벌을 내려 다시는 그런 소리를 하지 못하게 했다.

그러고는 이이를 다시 대궐로 불렀지만, 이이는 상소문을 올리고 들어가지 않았다.

전하의 은혜가 하늘만큼 높사옵니다. 하오나 아직은 병중이라 올라갈 수 없으니 깊이 헤아려 주시기 바라옵니다.

그러자 선조는 다시 이이의 친한 친구인 우계 성혼을 보내어 대궐로 들어오게 했다. 이때 이이에게 내린 벼슬은 이조 판서였다.

"어떻게 하겠나?"

"이번에도 내가 가지 않으면 또 누군가를 보내겠지? 그래, 늙어 병든 이 한 몸 더 아껴서 무얼 하겠는가? 전하의 은혜에 보답하는 길은 열심히 나랏일을 보는 것이겠지."

이이는 겨우 자리에서 일어나 대궐로 들어갔다.

평소에 이이의 인품과 학문을 존경해 왔던 선비들은 몹시 기뻐했다. 그러나 그것도 잠깐이었다.

대궐로 들어온 지 석 달 후 이이는 두 번 다시 일어날 수 없을 만큼 병이 들었다. 선조는 왕족들의 병을 돌보는 의사인 전의를 보내어 정성껏 치료하도록 했다.

그러나 이이의 병은 끝내 회복되지 않았다. 1584년 1월 16일 새벽, 아무래도 그의 병세가 심상치 않았다.

"이 나라의 장래가 걱정이로다. 누군가 앞장서서 좀 더 힘써야 할 텐데……."

이이는 이렇게 나라의 장래를 걱정하는 유언을 남기고 조용히 눈을 감았다. 이때 이이의 나이는 불과 마흔아홉 살밖에 되지 않았다.

그는 병조 판서, 대제학, 이조 판서 등 높은 벼슬자리에 있었으면서도 매우 청렴결백하여 남긴 재산이 전혀 없었다. 다만 대장간 일을 할 때 손수 만든 부싯돌 하나가 그가 남긴 유일한 물건이었다.

이이의 죽음이 세상에 알려지자, 온 백성들이 마치 어버이를 잃은 것처럼 슬퍼했다.

"흑흑, 정말 훌륭한 분이셨는데……."

선조도 친히 후한 제물을 내려 장례를 치르도록 했다.

이이는 경기도 파주군 율곡촌 자운산 기슭에 묻혔다.

"율곡은 나의 진정한 스승으로, 공자에 견줄 만한 대학자였다. 또한 백성을 진실로 사랑할 줄 아는 정치가였으며 앞날을 내다보는 예언자였다. 그런 사람이 오래도록 이 나라 조정에 있으면서 나랏일을 보살펴야 하는데, 하늘이 이토록 빨리 그를 데려간 것은 우리가 복이 없기 때문이다."

이것은 이이의 친구 성혼이 한 말이었다.

나라에서는 이이에게 생전의 업적을 기려 '문성공'이란 시호를 내렸다.

참되고 바른 마음으로 정치를 하십시오.

현명하고 어진 인재를 뽑아 나랏일을 맡기십시오.

백성들을 편안하게 하여 안심하고 일을 할 수 있도록 하십시오.

<시무삼사(時務三事)>

율곡 이이의 생애

　이이(栗谷 李珥)는 어린 시절부터 글을 빨리 깨우치고 유달리 총명하였으며, 효성이 매우 지극하였다. 이이는 여러 관직에서 일했는데, 이때에도 오로지 백성들을 위하여 일하려고 노력했다.

　그는 특히 일본의 침략에 대비한 10만 양병설을 강력히 주장하였으며, 붕당 정치를 없애려고 상소를 올리는 등 의지를 굽히지 않았던 조선의 훌륭한 유학자였다.

〈몽룡실 내부〉

율곡 이이

(栗谷 李珥 1536~1584, 중종31-선조17)

출생 (중종 31년, 1536. 12. 26)
강원도 강릉 북평촌 외가에서 아버지 이원수와 어머니 신사임당 사이에서 셋째 아들로 출생했다.

7세
어머니 신사임당에게서 글을 배우며 《논어》, 《맹자》, 《중용》, 《대학》을 스스로 깨우침.
<진복창전>을 지었다.

9세
《이륜행실도》를 읽고 감동하여 형제들이 부모를 받들고 같이 사는 그림을 그렸다.

10세
<경포대부>를 지었다.

13세 (명종 13년, 1548년)
진사 초시에 장원으로 급제하였다.

16세 (명종 16년, 1551년)
5월에 어머니 사임당이 숨을 거두자 3년간 시묘하며 《어머님 행장기》를 지었다.

19세 (명종 19년, 1554년)
어머니 묘소에서 3년 시묘를 마치고 3월에 금강산으로 들어가 불교에 투신하려 했으나 다음 해 외가로 돌아와 <자경문>(스스로 경계하는 글)을 지었다.

21세 (명종 21년, 1556년)
봄에 한성으로 돌아와 한성시에 장원 급제하였다.

22세 (명종 22년, 1557년)
9월에 성주 목사 노경린의 딸과 혼인하였다.

26세 (명종 26년, 1561년)
5월에 아버지 이원수가 숨을 거두자 어머니 무덤에 합장하였다.

31세 (명종 31년, 1566년)
사간원 정언, 이조 좌랑으로 임명되었다.

33세 (선조 1년, 1568년)
2월 사헌부 지평으로 임명되었다.

4월 장인 노경린이 숨을 거두었다.

34세 (선조 2년, 1569년)
홍문관 교리에 임명되었다.
10월 외할머니가 숨을 거두었다.

38세 (선조 6년, 1573년)
직제학, 통정대부 승정원 동부 승지 지제교 겸 경연참찬관, 춘추관 수찬관에 임명되었다.

39세 (선조 7년, 1574년)
1월 우부승지로 임명되었다. <만언봉사>를 지어 시국을 바로잡으려 애썼다.
3월 사간원 대사간으로 임명되었다.

40세 (선조 8년, 1575년)
동서 당쟁이 시작되었다.
9월 《성학집요》를 지어 올렸다. 홍문관 부제학에 임명되었다.

42세 (선조 10년, 1577년)
《격몽요결》을 지었다.
향약을 만들고 사창 제도를 시행해 백성들을 경제적으로 구제하기에 힘썼다.

46세 (선조 14년, 1581년)
1월 이조 판서, 8월 형조 판서, 9월 숭정대부로 특별 승진하고 의정부 우찬성으로 임명되었다.

48세 (선조 16년, 1583년)
4월 시국 구제에 관한 <시무 6조>를 지어 상소하였으나 받아들여지지 않았다.
9월 판돈녕 부사에 제수되고 이조 판서에 임명되었다.

49세 (선조 17년, 1584년)
1월 16일 서울 대사동 집에서 숨을 거두었다.